निबन्ध

शब्द और स्मृति

लेखक की कृतियाँ

कहानी-संग्रह

परिन्दे (1959), जलती झाड़ी (1965), पिछली गर्मियों में (1968), बीच बहस में (1973), कव्वे और काला पानी (1983), प्रतिनिधि कहानियाँ (1988), सूखा तथा अन्य कहानियाँ (1995), थिगलियाँ (2024)

उपन्यास

वे दिन (1964), लाल टीन की छत (1974), एक चिथड़ा सुख (1979), रात का रिपोर्टर (1989), अन्तिम अरण्य (2000)

यात्रा-संस्मरण/डायरी

चीड़ों पर चाँदनी (1963), हर बारिश में (1970), धुंध से उठती धुन (1997)

निबन्ध/व्याख्यान

शब्द और स्मृति (1976), कला का जोखिम (1981), ढलान से उतरते हुए (1985), भारत और यूरोप : प्रतिश्रुति के क्षेत्र (1991), इतिहास स्मृति आकांक्षा (1991), शताब्दी के ढलते वर्षों में (संचयन, 1995), दूसरे शब्दों में (1997), आदि, अन्त और आरम्भ (2001), साहित्य का आत्म-सत्य (2006), सर्जना पथ के सहयात्री (2006)

नाटक

तीन एकान्त (1976)

अनुवाद

पराजय : अलेक्सांद्र फेदेयेव (1954), बचपन : टॉल्स्टॉय (1954), कुप्रिन की कहानियाँ : अलेक्सांद्र कुप्रिन (1955), रोमियो जूलियट और अँधेरा : यान ओत्चानाशेक (1964), खेल-खेल में : चेक कहानियाँ (1966), इतने बड़े धब्बे : चेक कहानियाँ (1966), झोंपड़ीवाले और अन्य कहानियाँ : मिहाइल सदौवेन्यु (1966), कारेल चापेक की कहानियाँ (1966), बाहर और परे : इर्षी फ्रीड (1967), आर.यू.आर. : कारेल चापेक (1972), एमेके : एक गाथा : जोसेफ़ श्कवोरेस्की (1973)

पत्र

प्रिय राम, प्रिय निर्मल (2006), देहरी पर पत्र (2009), चिट्ठियों के दिन (2009)

साक्षात्कार

संसार में निर्मल वर्मा (2006)

संचयन

दूसरी दुनिया (1978)

शब्द और स्मृति

निर्मल वर्मा

राजकमल प्रकाशन

पहली बार **राजकमल** से 1976 में प्रकाशित

ISBN : 978-93-6086-028-8

मूल्य : ₹795

पुनर्नवा संस्करण : मई, 2024

प्रकाशक : राजकमल प्रकाशन प्रा. लि.
1-बी, नेताजी सुभाष मार्ग, दरियागंज
नई दिल्ली-110 002

शाखाएँ : अशोक राजपथ, साइंस कॉलेज के सामने, पटना-800 006
पहली मंज़िल, दरबारी बिल्डिंग, महात्मा गांधी मार्ग, प्रयागराज-211 001
1, अनमोल सोराबजी सन्तुक लेन, धोबी तलाव, मरीन लाइंस, मुम्बई-400 002

वेबसाइट : www.rajkamalprakashan.com
ई-मेल : info@rajkamalprakashan.com

मुद्रक : विकास कंप्यूटर एंड प्रिंटर्स
ट्रॉनिका सिटी-201 102

SHABD AUR SMRITI
Essays by Nirmal Verma

Beauty is necessity, which while remaining in conformity with its own and with that alone, is obedient to the good...it captivates the flesh in order to obtain permission to pass right to the soul.

—Simone Weil

क्रम

शब्द और स्मृति

शब्द और स्मृति : बीस वर्षों बाद

मुझे प्रसन्नता है कि बीस वर्षों के लम्बे अन्तराल के बाद शब्द और स्मृति का नया संस्करण प्रकाशित हो रहा है। इस दौरान बहुत-कुछ घट-बीत चुका है। सिर्फ़ दुनिया का नक़्शा ही नहीं बदला है, देशों के नाक-नक़्श भी इतना बदल गए हैं कि उन्हें वैसे ही पहचानना मुश्किल है, जैसा हम उन्हें जानते थे। किन्तु क्या मानचित्र बदल जाने से मनुष्य की मानसिकता—उसके स्वप्न और आकांक्षाएँ—भी बदल जाती हैं? क्या वे प्रश्न और पीड़ाएँ प्रासंगिक हो चुकी हैं, जिनकी छाया तले शब्द और स्मृति के निबन्ध लिखे गए थे? इसका उत्तर पाने के लिए शायद उस पृष्ठभूमि पर एक निगाह डालना ज़रूरी है, जिसमें इन निबन्धों का जन्म हुआ था।

यूरोप-प्रवास की लम्बी अवधि में (1959-70) समय-समय पर मैं अंग्रेज़ी-हिन्दी पत्रिकाओं के लिए लेख लिखता रहता था। अधिकांश लेख पूर्वी और पश्चिमी यूरोप की राजनीतिक और सांस्कृतिक

परिस्थितियों के सम्बन्ध में मेरी तात्कालिक प्रतिक्रियाओं को प्रतिबिम्बित करते थे। वे भी शायद यूरोप में बीसवीं शती के वैचारिक आलोड़न और उथल-पुथल के सबसे रोमांचकारी और अविस्मरणीय दशक माने जा सकते हैं। प्राग-वसन्त और पेरिस में छात्र-विद्रोह ने शीतयुद्ध के लगे-बँधे सैद्धान्तिक चौखटों को तोड़कर मानव-मुक्ति के नये आयामों को उद्घाटित करने का बीहड़ और गौरवपूर्ण प्रयास किया था। एक तरफ़ फ्रैंकफुर्त स्कूल के विचारकों वॉल्टर बेन्यामिन, अडोर्नो, माकूज़े ने मार्क्सवादी दर्शन की रूढ़िगत संकीर्णताओं से बाहर आकर यूरोपीय संस्कृति के संकट का पुन:परीक्षण किया था, दूसरी तरफ़ सोल्ज़ेनित्सिन, वात्सलाव होवल, मिलान कुंडेरा जैसे लेखकों ने पहली बार साम्यवादी व्यवस्था की अमानवीय विकृतियों और छलनाओं को भेदने का नैतिक दुस्साहस किया था।

यह संयोग था या सौभाग्य—कि इतिहास के इन निर्णायक वर्षों में—मैंने अपने को ठीक यूरोप के हृत्स्थल 'प्राग' में पाया जो पूर्वी और पश्चिमी संस्कृतियों का संगम तीर्थ भी था और प्रतिद्वंद्वी विचारधाराओं की टकराहट का कुरुक्षेत्र भी। कहते हैं, कुछ जानवर सैकड़ों मील दूर से आनेवाले भूकम्प की थरथराहट सुन लेते हैं। शायद यह बात 'समय' पर भी लागू होती है—आज यूरोप में जो अविश्वसनीय परिवर्तन हुए हैं, उसकी धीमी-सी गड़गड़ाहट उन वर्षों में सुनाई देने लगी थी, जब मैं यूरोप में था। मैं केवल बाहरी घटनाओं का मूक गवाह ही नहीं था, उन अदृश्य परिवर्तनों का साक्षी भी था, जो उन दिनों मेरे भीतर हो रहे थे। मैं जो यूरोप जाने से पहले था, वह नहीं था, जो अपने देश वापस लौटा था।

'शब्द और स्मृति' के निबन्ध यदि बीस वर्षों के लम्बे अन्तराल के बाद मुझे इतने प्रिय और आत्मीय लगते हैं, तो शायद इसलिए कि पहली बार मैंने इनमें अपने बाहरी अनुभवों और भीतर की अन्त:प्रक्रियाओं

के बीच एक वैचारिक संगति खोजने का प्रयास किया था। इतिहास मेरे लिए बाहर की चीज़ नहीं, भीतर का दस्तावेज़ रहा है, इसीलिए नये संस्करण में मैंने इन निबन्धों को बिना किसी काट-छाँट या संशोधन किये वैसे ही रखा है, जैसे पहली बार प्रकाशित हुए थे। बाद के वर्षों में मैंने जो कुछ भी सोचा, सीखा है, मुझे लगता है, उसके बीज इन निबन्धों के मूल विश्वासों में निहित हैं।

—निर्मल वर्मा

26 अगस्त, 1995

प्राक्कथन

इस पुस्तक में मैंने अधिकांश उन निबन्धों को संकलित किया है, जो मैंने शिमला इंस्टिट्यूट के आवास (1972-74) में लिखे थे। किन्तु कुछ ऐसे भी लेख हैं जो उससे पहले या बाद में लिखे गए। रचना का समय कुछ भी रहा हो, ये निबन्ध मेरे उन सब आग्रहों और मान्यताओं को कहीं-न-कहीं छूते हैं, जो पिछले वर्षों में मुझे आक्रान्त और उद्वेलित करते रहे हैं। इस दृष्टि से इन्हें एक प्रकार से 'पर्सनल ब्रूडिंग' के निबन्ध कहा जा सकता है। इनका उद्देश्य दूसरों के सामने कुछ प्रमाणित करना उतना नहीं है, जितना ख़ुद अपने कुछ पुराने विश्वासों के आसपास चक्कर काटना है। आप देखेंगे कि 'चक्कर काटते' हुए मैं कभी-कभी अपने मूल विषय से बहुत दूर भटक गया हूँ, किन्तु निबन्ध की विधा हमें भटकने की सुविधा देती है, बशर्ते हम रास्ता न भूल जाएँ और शाम होते तक घर लौट आएँ।

इन निबन्धों को मैं 'ग़ैर-आधुनिक' कहना चाहूँगा क्योंकि इनमें आधुनिकता के उन सब अन्धविश्वासों, रूढ़िगत फ़ैशनों और फ़ॉर्मूलों पर

शंका प्रकट की गई है, जिन्हें हम आँखें मूँदकर स्वीकार कर लेते हैं। कितना अजीब व्यंग्य है कि आधुनिकता का जो आन्दोलन बीसवीं शती के आरम्भ में विक्टोरियन विश्वासों को तोड़ने में सफल रहा था, स्वयं वह आज एक रूढ़िगत संस्कार बन चुका है! अपने को सुरक्षित घोंसलों में समेटने का एक सुविधाजनक साधन बन चुका है! इन 'घोंसलों' पर अनेक आकर्षक लेबिल चिपके हैं—प्रगति, ऐतिहासिक विकास, समय की माँग, जनता, सामान्य व्यक्ति इत्यादि। इन लेबिलों से एक तरफ़ अपने को 'आधुनिक' और 'प्रगतिशील' साबित किया जा सकता है, दूसरी तरफ़ कोई ख़तरा, कोई जोखिम उठाने से भी हम बच जाते हैं। हम अपोलिनियेर की उस आधुनिकता से कितना दूर हट गए हैं, जहाँ उन्होंने शब्दों की सरहद पर, एक अजानी धरती पर सत्य अन्वेषण का आह्वान किया था। इसके विपरीत हम आज एक नितान्त अनोखी स्थिति में हैं, जब सत्ता की छाँह में बैठे हुए सुरक्षित बुद्धिजीवी आसानी से अपने को एक साँस में 'प्रगतिशील' भी कह सकते हैं और साथ ही अपने समाज में होनेवाले हर अन्याय के प्रति आँखें भी मूँद सकते हैं!

अपनी अपराधी 'आत्मा' को परचाने का इससे बेहतर रास्ता और क्या हो सकता है?

इन निबन्धों में मैंने 'भारतीय आत्मा' की इस दुहरी प्रकृति को कुरेदने की कोशिश की है—एक तरह से यह ख़ुद अपनी आत्मा की जाँच-पड़ताल करने की कोशिश है। मैं बरसों से अपने देश के बाहर रहा हूँ। इससे मेरे भीतर एक अलगाव-सा उत्पन्न हुआ है, जो मुझे कभी-कभी बोझ-सा जान पड़ता है। किन्तु दूसरी तरफ़ इसी 'अलगाव' ने मुझे अपनी जातीय अस्मिता और संस्कृति को एक ऐसे कोण से देखने का अवसर दिया है, जहाँ भ्रम और भुलावे के लिए गुंजाइश बहुत कम है। मैं एक साथ अपने को बाहर और भीतर पाता रहा हूँ—पश्चिम से मुझे एक तार्किक अन्तर्दृष्टि मिली है, जिसके सहारे मैंने अपनी संस्कृति के

मिथक-बोध, बिम्बों और प्रतीकों की ग़ैर-तार्किक अन्तर्चेतना को परखने की चेष्टा की है; दूसरी तरफ़ मैं ख़ुद इस अन्तर्चेतना का अंश हूँ, जिसके आधार पर मुझे आधुनिक तर्कशील तकनीकी सभ्यता के अन्तर्विरोधों का अहसास भी होता रहा है। इसमें मैं अकेला नहीं हूँ—मेरे साथ, मेरे ही वर्ग के अनेक सहयोगी लेखक हैं, जो कमोबेश अपने को ऐसी ही पीड़ाजनक स्थिति में पाते हैं। हम ग़लतियाँ कर सकते हैं, और रास्ते से भटक सकते हैं, किन्तु किसी भी भ्रम के सम्मोहन में फँसने की सुविधा से हम हमेशा के लिए वंचित हो गए हैं। हमारे लिए न भीतर रहने का आत्मसन्तोष है, न वह सुख उपलब्ध है जो बाहर होने की निस्संग तटस्थता से प्राप्त होता है।

मनुष्य अपने बारे में तब तक नहीं सोचता, जब तक अपने सुखद भ्रमों से वंचित नहीं हो जाता। ये भ्रम महज़ बाहरी दुनिया के बारे में नहीं होते, अपने बारे में भी होते हैं; बल्कि अपने बारे में उनकी छलना सबसे अधिक गहरी होती है। अत: आत्म-मन्थन की घड़ी में एक सालती-सी पीड़ा छिपी रहती है। किन्तु यही पीड़ा एक तरह का पारदर्शी बोध (scnsc of lucidity) भी देती है। हम उस सूखे रेगिस्तान के बीच चले आते हैं जो शब्द और यथार्थ के बीच फैला है। एक भारतीय लेखक के लिए 'लिखने' का मतलब है, इस रेगिस्तान पर चलना, ताकि हम गर्मी और सर्दी को वैसे ही भोग सकें, जैसी वह है। इस यात्रा के दौरान सौन्दर्य का भी सृजन होता है और नैतिकता का भी—हम यथार्थ को कसौटी बनाकर शब्द को उसका मौलिक अर्थ प्रदान करते हैं, जो सौन्दर्य को जन्म देता है; हम शब्द की पवित्रता को बचाने के लिए यथार्थ से संघर्ष करते हैं, जिससे नैतिकता का जन्म होता है। अन्तत: दोनों में कोई विरोध नहीं रहता, क्योंकि दोनों ही लेखक के एक अनायास 'धर्म' बन जाते हैं—धर्म, जो ऊपर से आरोपित नहीं होता, किन्तु जिसका होना उतना ही अनिवार्य और नैसर्गिक हो जाता है,

जैसे अपने पाट पर नदी का बहना। विटगेंस्टाइन के इस कथन में कोई अतिशयोक्ति नहीं है कि "एस्थेटिक सौन्दर्य अन्ततोगत्वा मनुष्य की नैतिकता में ही सन्निहित होता है।"

आपको इन निबन्धों में शायद हल्की-सी हताशा मिलेगी—यह शायद इसलिए कि स्वतंत्रता के बाद मेरी पीढ़ी के अनेक लेखकों ने बहुत-सी आशाएँ पाली थीं। आज की युवा पीढ़ी न तो उन आशाओं की गरमाई समझ सकती है, न उस 'ठंड' का अनुमान लगा सकती है, जो अचानक आग बुझ जाने के बाद महसूस होती है। हमें समय-समय पर अनेक 'वादों' और आदर्शों ने उम्मीदें दी थीं, जिन पर ठिठुरते हुए हमने अपने हाथों को सेंका था। आज उनके कोयले मद्धिम हो चले हैं, सिर्फ़ राख बची रह गई है जो फूँक मारने से कभी दाईं तरफ़ जाती है, कभी बाईं तरफ़—जिस दिशा में जाती है, हम उस तरफ़ भागते हुए कभी दक्षिणपंथी हो लेते हैं, कभी वामपंथी। लेकिन राख राख है, उसके पीछे अधिक दूर नहीं भागा जा सकता। आख़िर में अपने पास लौटना पड़ता है।

इस पुस्तक में—जैसा आप देखेंगे—लौटने की यातनामय प्रक्रिया को आँकने की कोशिश की गई है। कई बार यह चेष्टा अपने में यातनामय हो गई है, जिसके लिए मैं पाठकों से क्षमा माँगना चाहूँगा। ऑस्ट्रियन लेखक और पत्रकार कार्ल क्रॉस ने एक बार कहा था, "मनुष्य को अन्त में वहीं लौटना पड़ता है, जहाँ से वह शुरू होता है—इसी में उसकी सार्थकता निहित है।"

इस शुरू को पकड़ने के लिए हमें सदैव अपनी स्मृति और भाषा की अँधेरी जड़ों में रास्ता टटोलना होगा। इस पुस्तक की मूल प्रेरणा मेरे इस विश्वास में निहित है।

मैं कहानियाँ लिखता हूँ—किन्तु निबन्ध लिखने का शौक़ स्कूल से ही रहा है। (स्कूल में कहानियाँ लिखना मना था।) मैंने अपने अधिकांश निबन्ध कहानियों के हाशिये पर नहीं, उनके बीच लिखे हैं। एक ही तर्क़ को दो तरफ़ से देखने की कोशिश की है। आज सोचता हूँ तो यह महज़ संयोग नहीं जान पड़ता कि शिमला इंस्टिट्यूट के जिस कमरे में मैंने ये लेख लिखे थे, उसी कमरे में 'लाल टीन की छत' का अन्तिम अंश भी लिखा था। निबन्ध और उपन्यास, दोनों ही नितान्त अलग विधाएँ हैं। किन्तु कमरे की खिड़की के बाहर जो पहाड़, कामना देवी का मन्दिर और रात के समय तीन रोशनियाँ दिखाई देती थीं, वे हमेशा एक जैसी—शाश्वत दिखाई देती थीं।

उन पहाड़ों को देखते हुए मुझे अक्सर प्रूस्त की दो दुनियाएँ याद हो आती थीं : एक वह दुनिया है, जिसमें समय है—भ्रम, पीड़ा और मृत्यु। दूसरी दुनिया वह है, जिसमें सब कुछ शाश्वत है, कालातीत। वह सौन्दर्य, शान्ति और स्वतंत्रता की दुनिया है। हमारे सामान्य अनुभव समय की दुनिया में होते हैं, लेकिन ध्यान और स्मृति के क्षणों में दूसरी दुनिया की भी झलक मिल जाती है।

मेरे लिए निबन्ध एक दुनिया की चीज़ है, कहानियाँ दूसरी दुनिया की—किन्तु कभी-कभी उन पहाड़ों को देखते हुए दोनों की सीमाएँ एक-दूसरे में घुल जाती थीं।

—निर्मल वर्मा

नई दिल्ली
क्रिसमस-ईव, 1975

सृजन में सौन्दर्य और नैतिकता

अपनी लिखी हुई चीज़ों के बारे में ही लिखना एक हताश और दूभर क़िस्म का धन्धा है—एक हद तक परजीवी काम, क्योंकि वह 'काम' न होकर उन गड़े मुर्दों को उखाड़ना है, जिनका रस और जीवन हम आख़िरी बूँद तक अपनी रचनाओं में पहले से ही निचोड़ चुके होते हैं। उन्हें दुबारा रोशनी में लाना कुछ इसी तरह असम्भव है, जैसे एक ख़ास लम्हे के पीछे उन औसत अनुभवों की तलाश करना जो एक बार किसी विशेष तरतीब में केन्द्रित होकर दूसरे लम्हे तक जाते-जाते बिखर जाते हैं। कविता या कहानी केन्द्रित होने का क्षण है, और बिखरकर एक बेलौस धारा में खो जाना जीने की मजबूर शर्त। यदि अपने 'रचना-संसार' को परिभाषित करने का मतलब इन दो प्रक्रियाओं को जोड़ना है, तो वह लगभग नाकाम कोशिश है, क्योंकि जैसे ही हम केन्द्रित होते क्षण को उघाड़ना चाहेंगे, बहती हुई ज़िन्दगी के औसत अनुभव (जिनकी सूखी हड्डियों से केन्द्रित क्षण की आत्मा बनती है) आँखों से ओझल हो जाएँगे।

दूसरी तरफ़ इन बहते अनुभवों का विश्लेषण करने की कोशिश में एक जगह ठहरे हुए वे सूत्र और संकेत हाथ से फिसल जाएँगे, जो इन अनुभवों को तरतीब देते हैं, जिनके सहारे हम किसी रचना की जन्म-कुंडली बनाते हैं।

अत: मैं अपनी कहानियों को अपने निजी अनुभवों से जोड़ भी लूँ, तो भी उनके माध्यम से उन कहानियों के मर्म, उनकी पहचान, उनकी शुरुआत और अन्त के बीच फैली भूल-भुलैया—एक शब्द में कहूँ, तो कहानी की हैसियत से कहानी की नियति को नहीं खोल सकता। आलोचना अपने सर्वोत्तम सृजनात्मक क्षणों में किसी रचना के सत्य को खोल सकती है, लेकिन यह "सत्य पर्दे को उघाड़ना नहीं है जिससे भेद नष्ट हो जाता है, बल्कि इस भेद की रक्षा करना है।" वॉल्टर बेन्यामिन ने यह बात धार्मिक सत्य के बारे में कही थी, किन्तु मुझे लगता है, वह रचना के अन्तर्निहित मर्म को उजागर करने के लिए भी उतनी ही अनिवार्य है।

कहानी का सत्य मेरे जीवन-अनुभवों से ऊपर है, अलग है, हालाँकि जिस ख़ास तरतीब में वे कहानी में पिरोये जाते हैं, जिस लय में मुखरित होते हैं—उसके कारण वह अनुभव की तात्कालिकता, खंडित और धुँधली झलकियों, अधूरे हिचकिचाते क़दमों की सीमाओं का अतिक्रमण कर लेता है, लेकिन उन्हें छोड़ता नहीं; छोड़कर किसी दार्शनिक या धार्मिक सत्य के शाश्वत लोक में नहीं चला जाता। वह केवल हमारे अनुभव को उसकी चरम नियति तक ढो लाता है और इस ढोने की यात्रा में ख़ुद कविता, या कहानी इतनी बदल जाती है, कि वह ख़ुद एक अनुभव, सौन्दर्य की स्वतंत्र सत्ता, एक सम्पूर्ण आत्मकेन्द्रित इकाई जान पड़ती है।

जान पड़ती है, सचमुच में होती नहीं। लेखक का यह विश्वास कि उसकी रचना अपनी इकाई में स्वतंत्र है, एक बार लिखी जाने पर उसके व्यक्तित्व के कोटरों, उसके अनुभव-खंडों से सर्वथा मुक्त हो गई है, उतना ही भ्रामक है जितना दूसरे सिरे पर जाकर यह सोचना कि वह

महज़ उसके अनुभव-खंडों की ही परिमार्जित उपज है—उसके ऊपर, उससे अलग, उसकी अपनी कोई निजी सत्ता नहीं।

कोई भी रचना न पूर्ण रूप से स्वतंत्र है, न पूर्ण रूप से उपज, बल्कि जिस सँकरे दरवाज़े से लेखक ख़ुद नहीं गुज़र सकता, उसकी रचना अपने को एक अदृश्य छाया-सी उस दरवाज़े के अनुकूल समेटकर रास्ता बना लेती है। समेटने की प्रक्रिया में उस अदृश्य ईश्वर का जन्म होता है जिसे हम रूप कहते हैं—उस छाया को गति, प्राण और एक मांसल प्रवाह देता हुआ।

यह सँकरा दरवाज़ा क्या है, जिसके सामने हर बार कुछ भी लिखते समय ठिठक जाना पड़ता है? मुझे हमेशा वह अपना अतीत, अपनी भूली हुई स्मृतियाँ, उन स्मृतियों में गुम्फित लोकों का जाल जान पड़ता है—समय की धारा में ठहरे हुए संकेत और सूत्र, जिनका ज़िक्र मैंने ऊपर किया था। वे अन्तहीन प्रतीक्षा में दरवाज़े पर ताले की तरह पड़े रहते हैं—और जब कोई अनुभव, कोई तनाव, कोई तर्क और उस तर्क को दिवालिया बनानेवाली असह्य चुनौती सामने आकर 'खुल सम-सम' का जादू-मंत्र कह डालती है, तब ताला हिलता है, दरवाज़ा खुल जाता है और कच्चे-पक्के अनुभव, धूल और पसीने में लथपथ हमारी दैनिक, औसत अनुभूतियाँ अपने को समेट देहरी लाँघकर उस 'गुफा' में दाख़िल हो जाती हैं, जिसे हम लेखक का 'रचना-लोक' कहते हैं।

इसलिए महत्त्वपूर्ण मेरे लिए अनुभव नहीं, स्मृति का वह झरोखा है जिसमें से गुज़रकर वे कहानियाँ बनते हैं। हर रचना एक तरह से सिंहावलोकन है। 'हवा' में उड़ते, आसपास मँडराते, अनुभव-खंडों में

किसको पकड़ पाता हूँ, किसको जानबूझकर छोड़ देता हूँ, किसको सहज गुज़र जाने देता हूँ, यह महज़ संयोग पर निर्भर नहीं करता, न ही यह मेरी कलात्मक दक्षता या चालाक पकड़ पर निर्भर करता है, बल्कि जब तक उन अनुभव-खंडों को मेरे भीतर का जादू-मंत्र, शून्य पर गड़े स्मृति-संकेत अपने पास नहीं बुलाते, मैं उनका कोई फ़ायदा नहीं उठा सकता। उनकी कभी कोई कहानी नहीं बनती।

ज़रूरी नहीं कि अगर कोई अनुभव स्मृति के इस घेरे में आ जाता है, तो वह सचमुच सार्थक, अच्छी या सफल कहानी में परिणत हो सकेगा (यहाँ, और सिर्फ़ यहाँ, उस दक्षता, उस चालाकी, उस 'कनिंग' की ज़रूरत है, जिसका उल्लेख जॉयस ने किया था), किन्तु हर कहानी की शुरुआत, या उसे शुरू करने की लिप्सा इसी बुलावे के आग्रह—स्मृति द्वारा अनुभव को आमंत्रित करने और अनुभव द्वारा स्मृति का दरवाज़ा खटखटाने की प्रार्थना से शुरू होती है।

इस दोतरफ़ा प्रार्थना को फ्रांज काफ़्का ने आह्वान या बुलावे की संज्ञा दी थी। वह एक जगह अपनी डायरी में लिखते हैं :

> ऐसा बिलकुल सोचा जा सकता है कि ज़िन्दगी का गौरव अपनी समूची सम्पूर्णता में हममें से प्रत्येक व्यक्ति की प्रतीक्षा कर रहा है, लेकिन वह कहीं बहुत गहरे में, अदृश्य, आँखों से ओझल है। वह ज़रूर वहाँ है और वह सहानुभूति-शून्य नहीं है, अनिच्छुक नहीं है, बधिर नहीं है। अगर तुम उसे सही शब्द, सही नाम से बुलाते हो, तो वह आएगा। यह जादू का मर्म है कि वह बनाता नहीं, बुलाता है।

मुझे यह लगता है कि जिस 'गौरव' को बुलाने के लिए काफ़्का ने सही शब्द, सही नाम की कुंजी निर्देशित की है, एक लेखक के लिए वह अन्य कुछ न होकर उस रूपाकार की खोज है, जो अदृश्य, दूर, आँखों से ओझल होने के बावजूद हमारी प्रतीक्षा कर रही है—और यह कुंजी ठीक बैठती है या नहीं, यह नाम और शब्द ग़लत है या सही, इसका निर्णय स्वयं हमारे जीवन की विषयवस्तु, उसकी घटनाओं और उन घटनाओं के साथ हमारी मुठभेड़ में छिपा रहता है। हम इस अजीब नतीजे पर पहुँचते हैं—जो ऊपर से विरोधाभास जान पड़ता है लेकिन है नहीं—कि हम जो कुछ जैसा भी जीते हैं, हर मोड़ पर जो निर्णय लेते हैं, या निर्णय लेने से कतराते हैं, हमारा साहस, ऊहापोह और हमारी कायरता के सब क्षण वे अदृश्य कसौटी हैं, जिसके द्वारा हम किसी रचना के भीतर छिपे ईश्वर—उसके रूपाकार, उसके गौरव को बुलाते हैं, उससे साक्षात्कार करते हैं। हर रचना का रूपाकार लेखक के जीवन की विषयवस्तु द्वारा निर्धारित होता है और चूँकि यह विषयवस्तु समय के तक़ाजों, चुनौतियों और निर्णयों के तन्तुजाल से बनी है, स्वयं रूपाकार की खोज अपने जीवन में नैतिकता, सही शब्द, सही नाम की खोज से जुड़ जाती है।

क्या यह वह बिन्दु नहीं है जहाँ एक लेखक सौन्दर्य की रचना एक अभिजात 'एस्थीट' की तरह नहीं करता है, बल्कि स्वयं रचना-सौन्दर्य को एक नैतिक संघर्ष की यातना के असीम गौरव में बदल देता है?

यहाँ मैं अन्ना आख़्मातोवा की एक कविता का उदाहरण देना चाहूँगा, जिसे उन्होंने अपने देश के आतंक-काल में लिखा था :

ख़ामोश दोन ख़ामोशी से बहती है
पीला चाँद घर में चला जाता है
वह टोपी तिरछी किये जाता है
पीला चाँद छाया को देखता है
यह औरत बीमार है
यह औरत अकेली है
क़ब्र में पति
पुत्र कारागृह में
मेरे लिए प्रार्थना करो।

इस कविता के बिम्ब अपने भीतर से खोदकर निकाले गए हैं। लेकिन जिस मिट्टी से उन्हें तराशा गया है, वह और कुछ नहीं, बाहर का यथार्थ है, जो चारों तरफ़ फैला है—आकारहीन, भीमकाय, तर्क की दुनिया से परे। कौन-सी चीज़ उसे आकार देती है, उसे अपनी निजी पीड़ा से परे खींचकर एक सामूहिक स्मृति की ओर ले जाती है, जहाँ यह यथार्थ तर्कहीन, आकारहीन नहीं रहता, बल्कि एक ऐतिहासिक दस्तावेज़ में बदल जाता है? यह चीज़ और कुछ नहीं, वह संघर्ष है, जिसका ज़िक्र मैंने ऊपर किया है—अपने व्यक्तिगत, अकेले अनुभव को एक ऐसी स्मृति में बदलने का संघर्ष, जिसमें सबका साझा है, जो अदृश्य होते हुए भी सबकी चीज़ है, जिससे कोई भी रचना 'मिथ' की सार्वलौकिकता ग्रहण कर पाती है।

वे लोग, जो कलाकार से प्रतिबद्धता की माँग करते हैं, अक्सर यह आशा करते हैं कि वह अपने को 'सामूहिक अनुभव' के साथ जोड़ेगा—

जबकि यह असम्भव है; क्योंकि हर लेखक अपने अनुभव में नितान्त अकेला है, लेकिन दूसरी तरफ़ वे 'एस्थीट' आलोचक, जो कलाकार की प्रतिबद्धता का विरोध करते हैं—उसे महज़ एक राजनीतिक मतवाद समझकर टाल देते हैं—अक्सर भूल जाते हैं कि लेखक चाहे अपने अनुभव में अकेला हो, अपनी स्मृति में नहीं, जो अनुभव को 'बुलाती' है, उसे रचना में बदलती है—जिसकी सामूहिकता के घेरे में हर कलाकार दूसरों से जुड़ा है। अकेले अनुभव से सामूहिक स्मृति की तरफ़ जाने की यह यात्रा है, जो न केवल अन्ना आख़्मातोवा के 'रचना-लोक' को आलोकित करती है, बल्कि उस व्यवस्था को भी, जिससे वह रचना-लोक बँधा है। महत्त्वपूर्ण चीज़ यह है कि स्वयं इस कविता का सौन्दर्य व्यक्तिगत यातना और नैतिकता के उस नक़्शे को तैयार करता है, जिसके केन्द्र में दोनों—कवि और सामाजिक यथार्थ—आमने-सामने खड़े हैं। एक को दूसरे से अलग करते ही समूची कविता का संघटन, उसके रूप की पवित्रता, बिम्बों की प्रासंगिकता—एक शब्द में यदि कोई ऐसा शब्द है तो—कविता का नैतिक सौन्दर्य छिन्न-भिन्न हो जाएगा।

यह अद्भुत चीज़ है कि पिछले वर्षों में साहित्य से ये दोनों शब्द—नैतिकता एक तरफ़, सौन्दर्य दूसरी तरफ़—धीरे-धीरे लुप्त होते गए हैं; जबकि कला का मूल आधार, जिसे हम भाव-आवेग, 'पैशन' कहते हैं, हमेशा इन दो तत्त्वों के तनाव भरे सन्तुलन से उत्पन्न होता है। क्या किसी लेखक के रचना-कर्म और संघर्ष को इन दो तत्त्वों से अलग करके देखने की चेष्टा उस बौद्धिक विलासिता का लक्षण ही नहीं है जो हमें बुद्धिजीवी लेखक बनने का 'गौरव' तो देता है, लेकिन कलाकार के अनिवार्य जोखिम से छुटकारा दिला देता है?

साहित्य और लेखक की आस्था

अभी भी हम युद्धोत्तर विश्व के भयभीत वातावरण में रह रहे हैं, पर साथ ही हम अपने भयभीत होने पर किंचित् शर्मिन्दा भी हैं; क्योंकि युद्ध समाप्त हुए एक लम्बा अरसा बीत चुका है और मृतक दफ़न हो चुके हैं, उन दिनों लेखकों को उद्वेलित करनेवाले कुछेक साहित्यिक मसले भी। मसलन—विशुद्ध कला, साहित्य की अपनी कलापरक स्वायत्तता, व्यक्तिगत सम्बन्धों की पवित्रता के बारे में ब्लूम्सबरी की-सी आस्था—जैसे सवाल, हम इन सभी को छोड़ चुके हैं। हम मृतकों के बीच जीवित बचे हुए लोग हैं, इसलिए हमारी अचकचाहट में एक तरह का नादान आत्मविश्वास भी जुड़ा है कि जो कुछ 'मृतक' के रूप में दफ़न हो चुका है, वह हमारे ज़माने के लिए स्वयमेव अप्रासंगिक हो जाता है।

लेकिन उन 'प्रेतों' से कैसे जान छुड़ाई जाए जो हमें सताते रहते हैं? वे हमें इसलिए सताते हैं कि साहित्य में 'कला के लिए कला' जैसे तिरस्कृत सवाल भी विज्ञान की स्थापनाओं की तरह एक बार 'ग़लत'

साबित हो जाने पर हमेशा-हमेशा के लिए छोड़े नहीं जा सकते; क्योंकि साहित्य में ऐसा कुछ भी अन्तिम रूप से सही या ग़लत प्रमाणित नहीं किया जा सकता। एक पीढ़ी जिस सवाल को दफ़न कर चुकी है, वही दूसरी पीढ़ी में भिन्न परिस्थितियों में नये सिरे से प्रासंगिक नहीं हो जाएगा, ऐसा नहीं कहा जा सकता। जो कुछ भी साहित्य में एक बार जीवन्त रूप में रहा है, वह साहित्य में कभी मरता नहीं; और जब हम किसी चीज़ को मुर्दा घोषित कर दफ़ना देते हैं, तो उसके भीतर बची रह गई ज़िन्दगी की धुकधुकी चारों तरफ़ ख़ुद हमारी बनाई हुई दीवारों पर दस्तकें देने लगती है, और तब तक शान्त नहीं होती जब तक हम उसे स्वीकृत अथवा विमोचित न कर लें।

हर युग में हर लेखक इस 'दरवाज़े पर दस्तक' को, पिछले युग की अवशिष्ट आत्माओं की गुहार को सुनता है, लेकिन सुनकर भी प्राय: चुप बैठा रहता है; क्योंकि द्वार खोलने का अर्थ होगा—इन सवालों को पुन: जीवित मान लेना, इनके औचित्य की तलाश में लगना—'मैं लिखता क्यों हूँ?'...'मैं क्या करता हूँ?' दूसरे शब्दों में, रचना-कर्म में लेखक की आस्था कोई पूर्वनिश्चित या स्वत:-प्राप्त चीज़ नहीं है, बल्कि उसकी पुष्टि और औचित्य की संसिद्धि साहित्य की चौहद्दी के बाहर अपेक्षित होती है।

विरोधाभास यह है कि यह 'बाहर की गुहार' ऐन उन्हीं लेखकों की प्रतिबद्धताओं को सप्राण करती है जो इस आह्वान पर बाहर निकलने की ख़ातिर ख़ुद अपनी साहित्यिक प्रतिबद्धताओं का बलिदान करने को तत्पर हैं। काफ़्का अपनी कृतियों को नष्ट करवा देना चाहते थे; क्योंकि अन्त तक उन्हें यह भरोसा नहीं हो सका कि साहित्यिक मूल्यवत्ता के अलावा भी इन कृतियों का कोई और मूल्य है या नहीं; दरअसल उनके साहित्यिक गुण-दोष का सवाल इस बात पर निर्भर था कि उन्हें साहित्यिक क्षेत्र के बाहर के मूल्यों से भी 'वैध' ठहराया जा सकेगा या नहीं?

और चूँकि उनकी मूल तलाश कुछ और थी, साहित्य 'रचने' की नहीं, इसीलिए उन्होंने जो साहित्य रचा, वह हमारे युग का सबसे विश्वसनीय और महत्त्वपूर्ण साक्षी सिद्ध हुआ।

अक्सर कला और मूल्यों के तनाव का समाधान करने में समझौता-परक और रूढ़ तरीक़ा अपना लिया जाता है। कला के अन्तर्निहित मूल्यों को इस हद तक दुर्बल कर दिया जाता है कि साहित्य ख़ुद अपने मूल स्वरूप में विद्रूप बन जाता है। उदाहरण के तौर पर लेनिन का यह कथन कि साहित्य महज़ जनता की सेवा करने का उपकरण है, या सार्त्र की यह स्थापना कि साहित्य-रचना स्वयं ही एक नैतिक कर्म है—ये दोनों रुख़ साहित्य और मूल्यों की समस्या को सुलझाते नहीं, उससे कतराकर निकल जाते हैं। निश्चय ही ये दोनों रुख़ वे लोग अपनाते हैं जो कला में कलात्मक आग्रहों के अलावा भी कुछ देखना चाहते हैं। पर ये रुख़ मूल समस्या का सीधे-सीधे सामना करने की बजाय उससे पलायन करते हुए दीखते हैं—एक, रचना-कर्म को किसी अन्य लक्ष्य का साधन मात्र मानकर; दूसरा, स्वयं रचना-कर्म और लक्ष्य को एक मानकर। इनमें से किसी ने भी कला और मूल्यों के तनाव को इनकी शर्तों पर हल करने की कोशिश नहीं की, जैसी किसी समय टॉल्स्टॉय ने की थी।

समय के साथ-साथ कला और नैतिक विश्वासों के रूढ़ मुहावरों की चमक ख़त्म होती गई, और बौद्धिक समझौतेबाज़ी का तिरस्कार हुआ, लेकिन मूल समस्या का महत्त्व कभी नहीं घटा। वस्तुतः दरवाज़े पर दस्तक और तेज़ तथा ज़्यादा आग्रही होती गई। सरल समाधानों से असन्तुष्ट आधुनिक लेखक को स्वयं अपना अनुभव ही अपनी कला की एकमात्र सच्ची कसौटी प्रतीत हुआ। इसका एक दुष्परिणाम यह हुआ कि साहित्य शुद्ध अनुभवों के छोटे-से क्षेत्र में सिकुड़ गया, जहाँ वह बाहरी दुनिया की विकृतियों से अक्षुण्ण रह सके। लेकिन 'बाहरी दुनिया' मौजूद थी और उसे नकारा नहीं जा सकता था।

इस चेतना ने नववाम कहे जानेवाले उस वैकल्पिक दृष्टिकोण को जन्म दिया जिसने साहित्य में अनुभव की सार्थकता से इनकार नहीं किया, लेकिन मात्र उसे ही महत्त्वपूर्ण कला की कसौटी मानने से इनकार किया। इसकी बजाय इसने आज की 'प्रतिबद्ध' प्रवृत्ति के अनुसार अनुभव की परख एक विचारधारा की शर्तों पर करनी चाही, जो कला की अपनी अर्थवत्ता या प्रासंगिकता को सिद्ध करे।

ऊपरी तौर पर ये दोनों दृष्टिकोण—निजी अनुभव की प्रामाणिकता एक तरफ़ और साहित्य के प्रति रेडिकल सैद्धान्तिक रुख़ दूसरी तरफ़—निरापद और स्वत:पूर्ण अतीत हुए, लेकिन इन दोनों के बीच मौजूद बंजर दायरे पर मँडराती अपूर्णता की भावना स्पष्ट देखी जा सकती थी। यह दायरा शुद्ध अनुभव द्वारा नहीं उबारा गया और तार्किक विचारधारा भी इससे कतराकर निकल गई, यह था : 'प्रास्था (या विश्वास) का दायरा'। अनुभव के ताने-बाने में आस्था अपरिहार्य रूप से बुनी हुई होती है, मगर फिर भी वह उससे परे, उसके पार जाती है। पर यह 'उस पार' या 'परे' न तो अनुभव की कुंजी देता है, न उसके रहस्य को भेदने या उसकी जाँच करने की कसौटी, जबकि विचारधारा यह करने का दावा करती है; आस्था अनुभव के बाहर का उत्तर नहीं है हालाँकि वह खंड-खंड, अलहदा अनुभवों में से एक सुसंगत अर्थ निकालने के लिए उनके बीच सम्बन्ध-सूत्रों की जी-तोड़ तलाश करती है। इसकी कोशिश वह कर सकती है; क्योंकि वह अनुभव के परे 'देख' सकती है, लेकिन इसमें समर्थ नहीं होती, क्योंकि वह ख़ुद लेखक के अनुभवों का अंग है और उनसे कभी भी पूर्णत: विलग नहीं हो सकती। केवल एक आत्मसंशयी आस्था, सन्देह में अधडूबी आस्था कुछ हद तक किसी लेखक को अपने अनुभवों का अर्थ मापने में समर्थ बना सकती है; जैसा कि दोस्तोएव्स्की ने ईश्वर में स्वयं अपनी आस्था पुष्ट करने की कोशिश में, ईश्वर के अस्तित्व में सन्देह करनेवाले पात्र किरिलोव की रचना की थी।

यह ऐसा है, जैसे किरिलोव के अनुभवों के ज़रिये दोस्तोएव्स्की अपनी सन्देह में डूबी 'आस्था' के 'उस पार' जाकर ईश्वर में विश्वास करना चाह रहे थे।

"अत: आस्था विश्वास करने की इच्छा है, किसी चीज़ में विश्वास करने का अर्थ है—यह विश्वास करने की इच्छा करना कि उस चीज़ का अस्तित्व है और यह इच्छा मान्यता से नहीं, सन्देह से निकलती है।" इस कारण कोई कलाकृति अपने-आपमें नैतिक कर्म नहीं है, जैसा कि सार्त्र का आशय अतीत होता है, बल्कि उसकी नैतिकता सन्देह और विश्वास के घात-प्रतिघात में, उसकी परम द्वैधता में निहित होती है। यह विश्वास एक धार्मिक विश्वास से बहुत भिन्न है। वहाँ ईश्वर के अस्तित्व में विश्वास की इच्छा स्वयं आस्था से इतने घनिष्ठ रूप में जुड़ी है कि एक को दूसरे से अलग नहीं किया जा सकता। ऐसा कोई विश्वास वास्तविक है या काल्पनिक, यह प्रश्न अप्रासंगिक है। अर्थ को पुष्टि की आवश्यकता नहीं होती। ("यदि आप मुझसे पूछें कि मैं 'क़यामत' में उस अर्थ में विश्वास करता हूँ या नहीं, जिस अर्थ में धार्मिक व्यक्ति क़यामत में विश्वास करता है, तो मैं उस व्यक्ति का प्रतिवाद नहीं कर सकता।" —विटगेंस्टाइन)

इस प्रकार धार्मिक मनुष्य को विश्वास का कवच प्राप्त रहता है, यह कवच कुछ वैसा ही है, जैसा एक सिद्धान्तकार 'युक्तिपरक विश्वदृष्टि' के ज़रिये प्राप्त करता है। वह 'हाँ' भी करता है, 'नहीं' भी, और हालाँकि चुनाव करने में काफ़ी पीड़ा और यंत्रणा हो सकती है, लेकिन वह जानता है कि कब वह अपने विश्वास से भटक रहा है। स्वयं यह ज्ञान ही एक तरह का उद्धार है, जिस अर्थ में समस्त ज्ञान 'उद्धार' होता है। विश्वास करने के पहले, इर्द-गिर्द के 'केऑस' में अर्थ खोजने की अभिलाषा में जो चीज़ इतनी नाज़ुक या असुरक्षित लगती थी, वही इस ज्ञान या विश्वास के बाद जैसे ठोस और अन्तिम रूप ले लेती है,

एक ऐसी चौकन्नी आँख बन जाती है जो चौकसी करती है और चुन सकती है; और यह उद्धारक साधन का भी काम करती है, क्योंकि एक बार जब कोई व्यक्ति एक निर्णायक अथवा ईश्वर के आगे नत होने की अन्तिम यंत्रणा झेल चुकता है, वह उस तमाम यंत्रणा से मुक्त हो जाता है जो बहुविध, परस्पर-विरोधी विकल्पों के चयन में उसे होती है। वह उस ज़मीन को जान लेता है जहाँ वह खड़ा है और जब वह नाकाम होता है तब भी वह किसी शून्य में नहीं, बल्कि अपने को सँभालनेवाली ज़मीन पर गिरता है।

अब जब हम साहित्य, या व्यापक रूप में कला को लेते हैं तो प्रक्रिया ठीक इसकी उलटी हो जाती है, लेखक अपने निजी अनुभवों, शिक्षा या सम्बन्धों के ज़रिये एक ख़ास विश्वास-समुच्चय अर्जित कर सकता है और उनसे वह एक काफ़ी सुसंगत एवं एकीकृत मूल्य-निर्णय-संहिता भी बना सकता है। लेकिन इसकी कोई गारंटी नहीं है कि रचना की प्रक्रिया में ये मूल्य-निर्णय नितान्त झूठे और नक़ली नहीं साबित हो जाएँगे। अत: धार्मिक आस्था जहाँ जीने की प्रक्रिया में चरितार्थ और पुष्ट होती है, लेखक की आस्था उसके कल्पना-मंच पर अपनी सारी वैधता खो दे सकती है, बल्कि बिलकुल सन्देहास्पद और झूठी हो जा सकती है। ऐसा इसलिए नहीं होता कि उसके विश्वास (या आस्थाएँ) विभ्रमित अथवा असत्य हैं, बल्कि इसलिए कि जब एक विश्वास लेखक की नीति-संहिता अथवा विचारधारा (जिसे हेगेल 'छद्म चेतना' कहते थे) के सुरक्षात्मक कवच से छिनगाया जाता है तो उसकी मुठभेड़ दूसरे अनुभवों, दूसरे विश्वासों से होती है जो उसे पूर्णत: निरस्त कर दे सकते हैं या इतना बदल दे सकते हैं कि वह पहचाना ही न जा सके। लेखक का विश्वास रचना की प्रक्रिया में ही कल्पना के ख़तरनाक ज्वार-भाटे में स्थानान्तरित हो जाता है, जहाँ वह तैर सकता है, अपने पूर्वग्रहों और छलों से विमुक्त हो सकता है, विभिन्न अनुभवों से उपजी विरोधी लहरों

के असंख्य आघातों में पड़ सकता है और इसी प्रक्रिया में या तो वह विश्वास मर जा सकता है या उसका कायाकल्प होने पर वह वैसा ही असुरक्षित एवं द्वैधपूर्ण बन जा सकता है जैसा कि वास्तव में वह पहले था—अपूर्ण, द्विधापूर्ण और पीड़ायुक्त।

तभी महत्त्वपूर्ण कलाकृतियाँ इस अन्तर्विरोध का अहसास कराती हैं—एक ओर लेखक की विश्वास करने की इच्छा, और दूसरी ओर 'छद्‌म चेतना' के ख़िलाफ़ उसका संघर्ष जो विश्वासों को जन्म देती है। जितनी गहराई से कोई लेखक इस अन्तर्विरोध को जानता है, 'स्वयं अपने विश्वासों पर सन्देह' से शुरू करता है, उसकी कृति 'ज़िन्दगी के कारोबार' के उतने ही क़रीब होगी, वस्तुतः कला को जीवन से विलगानेवाली सीमाएँ घुलती अतीत होने लगती हैं, 'दरवाज़े पर दस्तक' सुनाई देने लगती है, कहीं बाहर से नहीं बल्कि ख़ुद कला के केन्द्रस्थल से।

कहा जाता है कि फ्लाबेअर ने 'युद्ध और शान्ति' के कुछ शुरुआती अध्याय पढ़ने के बाद कहा कि 'यह तो कला नहीं, जीवन है'—यह बात उन्होंने तारीफ़ में नहीं कही थी, क्योंकि फ्लाबेअर और उसके समकालीन फ्रांसीसियों के तईं 'कला' एक ऐसी चीज़ थी जिसे रचना पड़ता है, जो जीवन के अस्त-व्यस्त विसंगत तत्त्वों को दिया जानेवाला रूप है। टॉल्स्टॉय ठीक उलटी दिशा से कला की ओर गए—उस अराजकता (केऑस) की तरफ़ जो व्यवस्था के नीचे छाई रहती है, उन ऐतिहासिक निर्णयों की तरफ़ जो मनमाने और नियमहीन हैं, उन नैतिक विकल्पों की तरफ़ जो हमारे अन्दरूनी आवेगों द्वारा निर्धारित होते हैं।

जीवन की प्रतीयमान अर्थहीनता को देखकर ही लेविन ने कहा था कि हमारे नैतिक कार्यों के शायद कोई कारण नहीं होते और उनके परिणाम होने भी ज़रूरी नहीं। बाद के वर्षों में जब टॉल्स्टॉय 'कार्य-कारण' मानने लगे, वह लेविन के कष्टदायक संशयों को बहुत पीछे छोड़ चुके थे—लेकिन तब वह कला को भी छोड़ चुके थे।

वह कभी यह नहीं मान पाए कि अन्ना कैरेनिना व्रोंस्की या लेविन की ज़िन्दगियों में जो 'सत्य' उन्होंने उद्घाटित किया था, वह उनकी ऐन्द्रिक अन्तर्दृष्टियों से अपरिहार्य रूप में जुड़ा था; कि वह कलापरक दृष्टि के नाते ही ऐसे अतीन्द्रियदर्शी यथार्थ के साथ अपने पात्रों के नैतिक संशयों को उघाड़ सके थे। वह इस नग्न तथ्य से भड़क उठते कि हम उनके परवर्ती दार्शनिक लेखों से अधिक उनकी शुरुआती 'कलापरकता' के ज़रिये ही नैतिकता के स्वरूप और पाप व मृत्यु का अन्तः सत्य बेहतर रूप में जान पाते हैं। जब मैं 'कलापरक' शब्द (जिससे टॉल्स्टॉय घृणा करते थे) इस्तेमाल करता हूँ तो मैक्स रैफ़ेल की परिभाषा के अर्थ में ही, जो टॉल्स्टॉय पर पूरी तरह लागू होती है। मैक्स रैफ़ेल के अनुसार कलापरक दृष्टिकोण "निर्लिप्त होता है अर्थात् उसका अपनी इन्द्रियों या अन्तर्दृष्टि के ज़रिये संसार को आत्मसात् करने और उससे एकाकार होने के अलावा और कोई उद्देश्य नहीं होता। महत्त्वपूर्ण यह नहीं है कि हमारी कलादृष्टि को जाग्रत करनेवाला संसार का वह ख़ास अंश कैसा दीखता है। 'महत्त्वपूर्ण है सम्पूर्ण को देखना'। इस तरह से कि हम अपने समस्त क्षणिक, व्यक्तिगत लगावों को और आसपास की चीज़ों के हक़ीक़तपन को भी भूल जाएँ, ऐसा अनुभव हमें तुष्टि और पवित्रता देता है; क्योंकि उसमें हमारे अपने-आपके साथ या दुनिया के साथ संघर्षों का समाहार होता है।"

मैंने टॉल्स्टॉय का इतना लम्बा तजकिरा इसीलिए किया है कि मेरी राय में, टॉल्स्टॉय की द्विविधा उस समस्या की तह तक जाती है जो कलात्मक कल्पना को विश्वास करने की इच्छा से जोड़ती है। इसियाह बर्लिन की नज़र में टॉल्स्टॉय के व्यक्तित्व का विचित्र गुण ऐन्द्रिक अहसासों तथा सर्वग्राही समीकृत दृष्टि पाने की इच्छा के बीच का संघर्ष है, लेकिन यह संघर्ष टॉल्स्टॉय तक ही सीमित नहीं है, यह एक बुनियादी तनाव है जो सभी कलाकृतियों में अन्तर्निहित है।

हर लेखक कमोबेश अपने भीतर इस अन्तर्द्वंद्व से मथित होता है। प्राय: ही हम टॉल्स्टॉय की तरह अपने विश्वासों को अपने अनुभवों पर हावी होने देकर, या फिर अनेक आधुनिक लेखकों की तरह अनुभव को ही अपनी कल्पना पर पूर्णत: आरूढ़ होने देकर इस तनाव को ढीला करने के लोभ में पड़ जाते हैं, दोनों दशाओं में कलाकृति की 'हमारे अपने साथ अथवा संसार के साथ' संघर्षों का समाहार करने की क्षमता की गम्भीर क्षति होती है।

टी.एस. इलियट ने एक बार कहा था : " 'हम क्या हैं', यह हम तभी जान सकते हैं, जब हम यह जान लें कि हमें क्या होना चाहिए, लेकिन हमें क्या होना चाहिए, यह तभी जाना जा सकता है जब हमें ज्ञात हो कि हम क्या हैं।"

'कला की हर महत्त्वपूर्ण कृति' मनुष्य जैसा है वह स्पष्ट करके 'उसे कैसा होना चाहिए' के दायरे को आलोकित करती है; लेकिन ज्योंही हम 'वह क्या है' के केन्द्र-बिन्दु तक पहुँचते हैं, 'कैसा होना चाहिए', यह समझने में समर्थ होने लगते हैं। इस तरह जिसे हमने पहले 'विश्वास' (या आस्था) का दायरा कहा है, वह लेखक के कलात्मक अनुभव से अलग नहीं रह जाता, उसी में अदृश्य रूप से विलय हो जाता है।

यहाँ तक पहुँचते-पहुँचते हम 'धार्मिक विश्वास की अकाट्यता' से मुड़कर कुछ अधिक तरल और द्वैध धरातल पर आ गए हैं, जो एक साथ अधिक धुँधला भी है और अस्थायी भी, जहाँ विश्वास के केन्द्र में सन्देह का कीटाणु रहता है, जिसे विटगेंस्टाइन ने 'आधा चाक्षुष अनुभव आधा ख़याल' कहा है।

लेखक़ के ऐसे प्रवहमान, अस्त-व्यस्त और आत्म-संशयी उपकरण—'आधा अनुभव और आधा ख़याल'—को लेखक की विश्वदृष्टि या उसकी विचारधारा कहना भ्रामक होगा। दुर्भाग्य से लूकाच यही करते दीखते हैं। उनके अनुसार लेखक के विश्वास (विश्वास को विचारधारा

मानने की ग़लती में) प्रतिक्रियावादी हो सकते हैं, पर वह अपने कलात्मक यथार्थवाद के ज़रिये उन पर विजय पा सकता है। लेकिन सन्देह में डूबा विश्वास (जैसे दोस्तोएव्स्की का ईश्वर में विश्वास) ख़ुद आलोचनात्मक चेतना की ओर क़दम है, अगर ऐसा विश्वास उसे वह अन्तर्दृष्टि पाने में मदद दे जिससे महान् कला जन्म लेती है तो यह अप्रासंगिक हो जाता है कि वह प्रतिक्रियावादी है या प्रगतिशील। जैसा कि मैंने पहले संकेत किया, नक़ली विश्वास रचना-प्रक्रिया में नष्ट हो जा सकते हैं, लेकिन उनके नष्ट होने में कला की अर्थवत्ता नहीं है। यदि वैसा होता तो उन सोवियत लेखकों की वे सारी किताबें, जिनमें झूठी विचारधाराओं को 'सकारात्मक' नायक इतनी आसानी से निरस्त कर देते हैं, हमारे समय की सबसे यथार्थपरक कृतियाँ होतीं। लूकाच उनकी अवहेलना करके व्यंग्यात्मक और द्वैधपूर्ण आस्थावाले टॉमस मान जैसे बुर्जुआ लेखक की कलात्मक यथार्थवाद की ऊँचाइयाँ मापने में लगते हैं। इससे लूकाच की विचारधारा का अन्तर्विरोध स्पष्ट हो जाता है।

मेरी मंशा कलात्मक सर्जन की प्रक्रिया में विचारधारा की भूमिका को कम करना नहीं है। दुर्भाग्य से न केवल 'प्रतिबद्ध' आलोचकों ने, जिन्होंने 'विचारधारा' शब्द को इसके मार्क्सवादी अर्थ के विपरीत मात्र दुराग्रह बना दिया है, बल्कि उन 'अनुभव पंथ' अनुयायियों ने भी इसे विकृत किया है जो मान बैठे हैं कि साहित्य मात्र का जन्म ऐन्द्रिय जाल (सोलर-प्लेक्सस) से होता है, जिसका विचार से कोई नाता नहीं है। दरअसल विचारधारा की भूमिका को इन दो अतिसरलीकृत दृष्टिकोणों में घटा देना ज़रूरी नहीं। साहित्य और विचारधारा, दोनों का आपसी रिश्ता अधिक जटिल और अप्रत्यक्ष है, क्योंकि विचारधारा में प्रविष्ट होनेवाली सामाजिक चेतना के तत्त्व लेखक की कल्पना के लिए सर्वथा अपरिचित हो सकते हैं, लेकिन वे इतने सशक्त भी हो सकते हैं कि उसके निजी विश्वासों को प्रभावित कर दें। दूसरे शब्दों में, निर्णायक ऐतिहासिक क्षणों

में लेखक का विश्वास (या आस्था) समकालीन विचारधाराओं और लेखक की भीतरी दुनिया के बीच एक पुल और उनके घात-प्रतिघात का दर्पण, दोनों हो जा सकते हैं। स्तान्दहाल के लेखन में विश्वास आत्मपरक अनुभव का अंग तो है लेकिन पूरी तरह नहीं है। वहाँ यह घात-प्रतिघात अपने चरम रूप में देखा जा सकता है।

हाल के वर्षों में विचारधाराओं का मोह टूटने से लेखक किसी भी तरह की आस्थाओं (या विश्वासों) से ही डर गया है, जैसे विश्वास किसी अजीब तरीक़े से उसकी रचनात्मक आज़ादी को क़ैद कर देंगे या उसके अनुभव की पवित्रता को नष्ट कर देंगे। विचारधारावादी और अनुभववादी, दोनों एक ही तरह आस्था से प्रातंकित जान पड़ते हैं। दोनों को ही मनुष्य के विवेक या उसकी नैतिक मान्यताओं पर गहरा सन्देह है। हमारे समय के प्रमुख कवि बोरिस पास्तरनाक का उदाहरण लें तो आसानी से स्पष्ट हो जाएगा कि उनकी कविता उनकी नैतिक चेतना से परिप्लावित थी और इस स्तर पर एक दोहरी चुनौती देती थी—एक तो उनके अपने देश की विचारधाराओं को जिन्होंने अनुभव की तीक्ष्णता को एक कठमुल्लेपन में अवमूल्यित कर दिया था, दूसरी ओर पश्चिम के उन बीटनिक कवियों को जिन्होंने हरेक अनुभव को अपनी क्षुद्र उत्तेजनाओं का रूप दे दिया था। यह उचित चुनौती थी; क्योंकि नैतिक चेतना से रहित कोई भी विचारधारा साहित्य पर उसी तरह बोझ है, जिस तरह वह 'अनुभव पंथ', जो मादक द्रव्यसेवित सपने ही उकसा सकता है, महान कविता को जन्म नहीं दे सकता।

दरअसल हम ऐसे अजीब ज़माने में रह रहे हैं जब लेखक और कलाकार संत्रस्त प्राणी-से लगते हैं। गोया हम किसी कट्टर सिद्धान्त के या अनुभव के या टेक्नोलॉजी के अलग-अलग उपवनों में अधिक सुरक्षित महसूस करते हैं। कभी-कभार ही हरजोग (सॉल बैलो का उपन्यास 'नायक') जैसा कोई पात्र सावधानी को ताक पर रखकर

तमाम चौहद्दियाँ तोड़ने लायक़ ताक़त बटोरता है और अँधेरे में छलाँग लगाता है, जिसके 'हाँ' के पीछे 'नहीं' का अँधेरा है लेकिन हरेक 'नहीं' में 'हाँ' का अपना प्रकाश भी है। 'हाँ' और 'नहीं' के विश्वास और सन्देह का यह द्वंद्व यूलिसिस में माली के अन्तिम, उन्मत्त एकालाप के सम्पूर्ण अनुभव-जगत् में व्याप्त है, और जब वह अपने जिए हुए सब कुछ के लिए 'हाँ' कहती है, तो वह विश्वास करने की अदम्य पिपासा की अभिव्यक्ति ही है जो एक धर्मावतार की तरह, जन्म से मृत्यु तक के सम्पूर्ण वृत्त को परिशुद्ध, पुष्ट और स्वीकृत करती है। इस बिन्दु पर लारेंस की तरह अपने अनुभव को चेतना के ख़िलाफ़ हथियार की तरह इस्तेमाल करना अनावश्यक हो जाता है; बल्कि यहाँ अनुभव स्वयं एक सचेत कर्म और साथ ही एक तरह की प्रार्थना बन जाता है।

इस विवेचन के बाद हम आधुनिक भारतीय लेखन के केन्द्र-बिन्दु पर ही नहीं, बल्कि उसमें बैठे उस कीड़े तक पहुँच जाते हैं जिसने पिछले पचास वर्षों में हमारे साहित्य की सारी जीवनी-शक्ति सोख ली है। कोई भी हम भारतीयों पर यह आरोप नहीं लगा सकता कि हम विश्वास करनेवाले लोग नहीं हैं। "हम दरअसल लगभग हर चीज़ पर विश्वास करते हैं, सिर्फ़ साहित्य को छोड़कर। अपने विश्वासों के ज़रिये साहित्य-'सेवा' की हमारी एक परम्परा रही है, पर साहित्य स्वयं स्वतंत्र रूप में विश्वासों का वाहक हो, इसमें हमारी ज़्यादा आस्था नहीं है। यही कारण है कि हमारा साहित्य शासन-सत्ता को कभी सशक्त चुनौती नहीं दे सका; जैसी चुनौती उन्नीसवीं सदी में और एक हद तक आज भी रूसी साहित्य देता रहा है।" अतिसरलीकरण का ख़तरा उठाकर भी यह कहा जा सकता है कि जहाँ पश्चिम की टेक्नोलॉजिकल संस्कृति में साहित्य कमोबेश रूप में नैतिक दबाव और सन्दर्शों से प्राय: विलग एक स्वायत्त गतिविधि बन चुका है, वहाँ दूसरी ओर भारतीय साहित्य उन सब चीज़ों का अनुचर बना हुआ है जिनमें हम विश्वास करते हैं—

एक स्वतंत्र संवाहक नहीं, बल्कि अधिकतर उन अन्य विषयों का उपजीव्य जो हमारे दैनिक जीवन में पहले से धँसे हुए हैं। हमारे देश में साहित्य एक ऐसी संकोचजनक स्थिति में है, एक भीड़-भरे कमरे में घुसने की स्थिति में, जहाँ उसके लिए कोई जगह नहीं है और उसे या तो धर्म, या समाजशास्त्र या हमारी रूढ़ नैतिकता के साथ, बारी-बारी से उनकी सेवा करते हुए, आधी कुर्सी पर बैठना होता है।

पश्चिम में यदि साहित्य कुछ दूसरे पेशों की तरह ही एक 'पेशा' बनकर रह गया है—जैसा कि सॉल बैलो ने सखेद स्वीकार किया है—जीवन और मनुष्य की नियति से मूलभूत लगाव जिसके ख़त्म हो गए हैं, तो भारत में यह हमारे बहुविध लगावों में इतना डूबा हुआ है कि एक स्वतंत्र कल्पनापरक कर्म के रूप में इसका अलग स्थान ही सन्दिग्ध है।

समस्या 'कलात्मक भावना' को अलग-थलग करके फिर उदात्त बनाने और उसका कायाकल्प करके कलाकृति का रूप देने की नहीं है, न ही हमें ऐसी कोई प्रक्रिया अपनानी चाहिए जो साहित्य को एक तरह की स्वायत्त गतिविधि के रूप में वर्गीकृत कर दे और हमें उसी अन्तर्विरोध में ले जाए जिसने आज के टेक्नोलॉजिकल समाज के साहित्य को संत्रस्त कर रखा है। "समस्या यह है कि एक सम्पूर्ण समाज में सृजन-कल्पना की भूमिका का पुनराविष्कार किस तरह किया जाए!"

लूकाच ने एक भारतीय लेखक से इंटरव्यू के दौरान यह आशा व्यक्त की थी कि आधुनिक भारतीय साहित्य को, अपनी सामाजिक स्थिति के सन्दर्भ में, कमोबेश उन्हीं समस्याओं से जूझना पड़ सकता है जिनकी छाप उन्नीसवीं सदी के रूसी साहित्य की आत्मा में है। यह नहीं कि वे हमारे साहित्य में टॉल्स्टॉय या दोस्तोएव्स्की की खोज कर रहे थे; बल्कि वे साहित्य की केन्द्रीय भूमिका पर बल दे रहे थे ताकि वह मनुष्य के विवेक को वाणी दे सके।

लेकिन मनुष्य का विवेक बनने के पूर्व साहित्य को स्वयं अपने विवेक की छानबीन करनी पड़ेगी। विचारधाराओं (वे कितनी ही क्रान्तिकारी क्यों न हों), या कि परिपाटीगत विश्वासों (वे हमारे समाज में कितने ही गहरे क्यों न धँसे हों) की रखैल बनने की बजाय स्वतंत्र संवाहक बनना होगा। यदि पश्चिम में आज समस्या कलात्मक कल्पना के मूल्य और प्रासंगिकता को ढूँढ़ने की है, जो कि इस हद तक 'स्वायत्त' हो गई है कि अपनी जड़ों से कट गई है, तो भारतीय साहित्य की समस्या इसकी ठीक उलटी है—बने-बनाए मूल्यों, वैचारिक रहस्यीकरणों और नैतिक पूर्वग्रहों के सारे बोझ से मुक्त होने की, जिसने कि कलात्मक कल्पना को प्राणवान बनानेवाली मूल प्रेरणा को ही कुंठित कर दिया है।

सृजन-प्रक्रिया और मूल्यांकन

एक कलाकार—मेरे लिए हमेशा एक बोहेमियन और विदूषक रहा है, इसलिए जो लेखक अपने को बहुत गम्भीरता से लेते हैं, वे हमेशा मुझे कुछ हास्यास्पद-से जान पड़ते रहे हैं। दरअसल हर कलाकार का कृतित्व एक व्यंग्य में निहित है—समाज के प्रति उतना ही, जितना अपने प्रति। एक बुद्धिजीवी आलोचक गम्भीर होता है कि अक्सर कला में खेल और व्यंग्य का तत्त्व हमेशा उसकी आँखों से ओझल हो जाता है।

शायद यही कारण है, जब कभी लेखक की सृजन-प्रक्रिया के सम्बन्ध में मुझे लिखने का अवसर मिला है, बराबर एक अजीब-सी निरर्थकता का बोध होता रहा है—अपने प्रति उतनी ही, जितनी अपने शब्दों के प्रति।

ज़ाहिर है, इस छोटे-से लेख से मैं उस निरर्थकता को और आगे बढ़ा रहा हूँ, लेकिन उस दुःखद अहसास के बावजूद मैं इस प्रक्रिया के कुछ नये पहलुओं को देख पाने का लोभ संवरण नहीं कर पाता।

मुश्किल यह है कि देखना—जैसे हम साधारणतया इस शब्द का प्रयोग करते हैं—सृजन-प्रक्रिया के लिए लगभग असम्भव है। एक पाठक या दर्शक की वास्तविक ज़िन्दगी किस सीमा पर, किस ख़ास बिन्दु पर लेखक की अनुभूत वास्तविकता को छू सकेगी, उसके मर्म को भेद सकेगी, यह निर्णय करना काफ़ी कठिन है। इसके सम्बन्ध में कोई आलोचक—चाहे वह कितना ही संवेदनशील क्यों न हो—किसी प्रकार का नियम निर्धारित नहीं कर सका है। कोई भी कलाकृति अपने अनुभव की प्रक्रिया में सम्पूर्ण है, वह अपनी ही शर्तों पर आधारित है। एक बार जन्म लेने के बाद अनुभूत वास्तविकता का उस वास्तविकता से कोई सम्बन्ध नहीं रहता, जिससे वह प्रेरणा प्राप्त करती है, लेकिन उस पर आधारित या जीवित नहीं रहती।

वास्तविकता का अनुभव हमेशा उससे अलग रहेगा, जो वास्तविक है। जो वास्तविक है, वह दैनिक क्रिया-कलापों का औसत जीवन है। वह अपने में कितना ही तीव्र क्यों न हो, एक साँस से आगे जाकर वह अनिवार्यत: टूट जाएगा। अलग-अलग औसत घटनाओं के बीच उस ज़िन्दगी को पकड़ पाना, जो दैनिक जीवन के विकृत समझौतों, उसके ठंडे होते हुए निर्णयों के बाहर है (उसके बीच होते हुए भी)। यह वही लेखक कर सकता है जो दैनिक यथार्थ का अतिक्रमण करने का साहस रखता है, वास्तविक यथार्थ के पर्दे पर अपनी अनुभूत वास्तविकता को अक्षेपित करने की क्षमता रखता है। मार्क्सवादी आलोचक जॉर्ज लूकाच का यह कथन अपने में बहुत महत्त्वपूर्ण है कि अन्ना कैरेनिना सही रूप में उसी क्षण जीवित हो पाती है, जहाँ वह आत्महत्या करने के लिए तत्पर होती है क्योंकि उस क्षण, टॉल्स्टॉय उसे एक ऐसी चरम स्थिति में रख देते हैं, जहाँ अपने पतियों से असन्तुष्ट अन्य स्त्रियाँ केवल समझौता करके ही जी पाती हैं। हर महत्त्वपूर्ण लेखक का अनुभव चरम स्थिति का अनुभव है, जहाँ वह दैनिक जीवन के यथार्थ को पीछे छोड़ जाता है...

पीछे छोड़ जाने की प्रक्रिया में ही वह उसके मर्म को औसत यथार्थ के अँधेरे से मुक्त कर देता है।

एक लेखक के लिए यह विकट स्थिति है—एक हद तक दुःखद भी। सृजन के लिए जो वास्तविक ज़िन्दगी आवश्यक है, वह हमेशा उससे बाहर रहता है, उसे जी भरकर भोग नहीं सकता, क्योंकि भोगने की प्रक्रिया अपने में उन सब तत्त्वों के लिए संहारकारी है, जो सृजन के लिए अनिवार्य हैं। जिस तरह एक पाठक सृजन-प्रक्रिया के बाहर है, केवल उसके तैयार माल के सम्पर्क में आ पाता है, उसी तरह एक कलाकार वास्तविक ज़िन्दगी के बाहर है—या उस ज़िन्दगी के बाहर है, जिसे हम वास्तविक मानते हैं और वह आख़िर तक इस पीड़ा-युक्त अन्तर्द्वंद्व में फँसा रहता है कि बाहर रहकर वह कहीं उस असलियत को तो नहीं खो रहा जो सिर्फ़ भोगने पर ही अपनी हो पाती है। हम आलोचकों की इस 'सूक्ष्म' विवेचना को अलग रहने देंगे जहाँ वे कलाकार के 'भोगने' को एक साधारण व्यक्ति के 'भोगने' के स्तर से अलग और ऊँचा बताते हैं...कम-से-कम कलाकार को अपने व्यक्तिगत जीवन में इससे कोई सान्त्वना नहीं मिल सकती। भोगना और अनुभव करना—ये दोनों बिलकुल अलग चीज़ें हैं—इसे जितना कोई कलाकार जानता है, उतना दूसरा व्यक्ति नहीं। एक 'अकैडमिक'...या अकादमी का 'लेखक' तो शायद कभी इस अन्तर को महसूस ही नहीं कर सकता...वह बाहर के जोखिम से मुक्त है।

कुछ दिन पहले वान गॉग के पत्रों को पढ़ते समय सहसा मेरी आँखें इन वाक्यों पर अटक गई थीं। अपने भाई थियो को ख़त लिखते हुए वे सोचते हैं :

> मुझे हमेशा यह महसूस होता रहा है कि हर चीज़ की जड़ में साधारण लोगों की ज़िन्दगी है। कभी-कभी मुझे यह विचार काफ़ी दुःख देता है कि हम वास्तविक ज़िन्दगी में नहीं हैं...

> मेरा मतलब है कि रंग और प्लास्टर में काम करने से कहीं ज़्यादा बेहतर है ख़ून और हाड़-मांसवाला काम करना, तसवीरें बनाने से कहीं अधिक सुखदायी है बच्चों को जन्म देना, या किसी व्यापार में लग जाना। लेकिन इसके बावजूद जब मैं यह सोचता हूँ कि मेरी ही तरह मेरे कई दोस्त वास्तविक ज़िन्दगी के बाहर हैं, तो मैं फिर से अपने को जीवित महसूस करने लगता हूँ।

एक दृष्टि से देखें तो हम इस वास्तविक ज़िन्दगी के जब बाहर भी रहते हैं, तब भी अपने को अभिशप्त रूप में उससे जुड़ा पाते हैं। वह हमें अकेला करती है—लेकिन अपने में अकेला नहीं रहने देती। भीड़ में अकेलापन बहुत लोग महसूस करते हैं, उसमें कोई अनोखी बात नहीं, लेकिन अपने अकेलेपन में भीड़ के दबाव को महसूस करना उससे समझौता न करने पर भी अपने दरवाज़े पर उसके नाख़ूनों की खरोंच सुन पाना—इससे मुक्ति केवल उस साहित्यकार को मिल सकती है, जो स्वयं घबराकर अपने को कलाकार की नियति से मुक्त कर ले।

"मैं तुमसे कहता हूँ कि उस मानवीयता का चित्रण करते हुए मैं थक गया हूँ, जिसमें मेरा कोई हिस्सा नहीं। मैं दो दुनिया के बीच खड़ा हूँ और उनमें से किसी में भी मेरा घर नहीं है..."

'टोन्यो क्रोगेर' के ये शब्द आज के कलाकार के जिस अन्तर्द्वंद्व को प्रकट करते हैं, वह केवल उसकी सृजन प्रक्रिया तक ही सीमित नहीं है, बल्कि वह एक लेखक और समाज के बीच बढ़ते हुए असन्तुलित तनाव की ओर भी संकेत करते हैं। जब कलाकृति के आत्यन्तिक गुण किसी एक ऐसी बाह्य कसौटी पर नापे-तोले जाएँ जिसका कलाकार की सृजन-प्रेरणा से कोई सम्बन्ध नहीं; दूसरे शब्दों में, जब सृजनकर्ता और उपभोक्ता के बीच किसी प्रकार के समान सन्दर्भ की शर्तें ख़त्म हो जाएँ, तब चित्रकला, कविता या कहानी, यदि वे व्यावसायिक नहीं हैं,

अपना साध्य स्वयं हो जाती हैं, क्योंकि दूसरा रास्ता सिर्फ़ उन्हें साधन बनाकर विकृत कर देना है। पाठक या श्रोता की रुचि की पूर्ति करने से हम उन्हें एक ऐसा कृत्रिम मूल्य प्रदान करते हैं, जिसका उसके आत्यन्तिक गुण से कोई सम्बन्ध नहीं। जब लेखक सिर्फ़ अपने लिए लिखता है, तब यह उसका अहं या उसकी असामाजिकता नहीं है, बल्कि यह एक ऐसी स्थिति की विवशता है जब वह पाठक वर्ग (कौन-से पाठक? वे कौन लोग हैं?) की बँधी-बँधाई रुचि से समझौता करने से इनकार कर देता है। दूसरे शब्दों में, वह अपनी कविता या कहानी की सृजन-प्रक्रिया में उन प्रभावों को अप्रासंगिक मान लेता है जो उसकी रचना को एक वस्तु में बदल देना चाहते हैं। यही वह सीमा है जहाँ तथाकथित लोकप्रिय (जनवादी नहीं) कृति एक स्वतंत्र कृति से (मैं जानबूझकर 'कलात्मक कृति' शब्द को छोड़ रहा हूँ...'कलात्मक' शब्द मुझे हमेशा अनावश्यक जान पड़ता है) अलग हो जाती है।

उपर्युक्त स्थापना पर कुछ लेखकों ने (कलकत्ता की एक कहानी-गोष्ठी के सन्दर्भ में) यह आपत्ति उठाई थी कि वह समाजवादी दृष्टिकोण के विरुद्ध है। यों अपने में यह आपत्ति अर्थहीन है। समाज के या उन लोगों के, जिन्हें हम समाज की संज्ञा देते आए हैं, मूल्यों और रुचियों की पूर्ति करना, उन्हें ध्यान में रखकर साहित्य-सृष्टि करना, यदि यह समाजवादी लेखक का धर्म है, तो कुछ भी कहना निरर्थक है। इस दृष्टि से शायद स्वयं मार्क्स घोर असमाजवादी थे, जिन्होंने एक पूरे युग के दर्शन, रुचियों और नैतिकता को अस्वीकार करने का जोखिम उठाया था।

एक बार सृजन-प्रक्रिया के समाप्त हो जाने के बाद जिस कलाकृति का जन्म होता है, वह अपने में सम्पूर्ण और अन्तिम है। उसे केवल उसी में निहित तत्त्वों के आधार पर आँका जा सकता है, इसे शायद वे समीक्षक नहीं समझेंगे, जिनके लिए कलाकृति महज़ एक आईना है—

ठोस, स्वतंत्र सत्ता नहीं, जो अपने में सम्पूर्ण है। मेरे विचार में 'हैमलेट' के अन्तर्द्वंद्व का मूल्यांकन करने के लिए एलिज़ाबेथ-युगीन पृष्ठभूमि को जानना नितान्त अनावश्यक है, लेकिन इसके साथ यह जिज्ञासा कि यह अन्तर्द्वंद्व (मनुष्य की यह सजग आत्म-चेतना) केवल मध्ययुग के बाद पुनरुत्थान-युग में ही क्यों उत्पन्न हुआ, अपने में महत्त्वपूर्ण है। 'हैमलेट' इस महत्त्व को आलोकित करता है, किन्तु स्वयं इसके कारण महत्त्वपूर्ण नहीं है। 'हैमलेट' की नाट्य-कृति केवल पुनरुत्थान-युग में रची जा सकती थी, यह सही है (और इस दिशा में सन्दर्भ के महत्त्व को उजागर करने में मार्क्सवादी समीक्षा का बड़ा महत्त्व रहा है मेरी नज़रों में), किन्तु एक बार जन्म लेने के बाद हर कलाकृति की अपनी एक अलग ज़िन्दगी हो जाती है—कलाकार और उसके सन्दर्भ से सर्वथा मुक्त—स्वयं अपनी शर्तों पर आधारित। क्या यही कारण नहीं है कि आज भी हम गुहा चित्रों के सौन्दर्य का आस्वादन कर पाते हैं, यद्यपि उनके रचयिताओं के जीवन-सन्दर्भ, दर्शन, व्यक्तित्व हमारे लिए अज्ञात हैं?

इस दृष्टि से यदि हम लेखक की सामाजिक प्रतिबद्धता की समस्या पर विचार करें तो अनेक असंगतियों से छुटकारा मिल सकेगा। बाहर की कोई भी घटना, चाहे वह ऐतिहासिक रूप से कितनी ही क्रान्तिकारी क्यों न हो, लेखक को उस समय तक परेशान नहीं करती (अपने सृजन में) जब तक वह घटना स्वयं उसकी सृजन-प्रक्रिया की अनिवार्य शर्त न बन जाए। लेखक का सन्दर्भ उसके लिए इसी अर्थ में 'जीवन्त' हो सकता है, वरना वह उसके लिए अप्रासंगिक है। 'रज़िस्ताँ' के काल में फ्रेंच कवियों के लिए फ़ासिज़्म का विरोध एक सामाजिक कर्तव्य ही नहीं था, बल्कि सृजन-प्रक्रिया का अभिन्न अंग भी। यही कारण है कि लेखक का किसी सामाजिक-राजनीतिक आन्दोलन से जुड़े होना स्वयं अपने से जुड़े होना है। जो लेखक सही अर्थों में प्रतिबद्ध होता है, प्रतिबद्धता उसके लिए आदर्श या त्याग या 'समाजसेवा' की समस्या न रहकर अपनी ही

सृजन-प्रक्रिया की एक अनिवार्य शर्त बन जाती है। 'मैं प्रतिबद्ध होकर लिख रहा हूँ'—यह वह कभी नहीं सोचता, वह उस समय भी उतना ही मुक्त है जितना उस समय जब वह अपनी किसी अत्यन्त व्यक्तिगत 'पीड़ा' या द्वंद्व को अभिव्यक्त करता है। जो सचमुच प्रतिबद्ध है, उसके लिए प्रतिबद्धता कोई समस्या नहीं, या वैसे ही स्वाभाविक समस्या है, जैसे अपनी प्रेमिका की देह, पतभर में पत्तों का झरना, नीला आकाश।

इस दृष्टि से सार्त्र (एक प्रतिबद्ध लेखक) और वर्जीनिया वुल्फ़ (ब्लूम्सबरी की एक संवेदनशील सौन्दर्यप्रिय लेखिका) में कोई अन्तर नहीं। लेकिन केवल इस दृष्टि से ही। दोनों के बीच गहरा अलगाव है, जिसका विश्लेषण यहाँ अप्रासंगिक है।

इसलिए यह कहना कि लेखक अपने लिए लिखता है और यह कहना कि वह जुड़ा होकर लिखता है, इसमें वैचारिक असंगति वही देखते हैं जो सृजन-प्रक्रिया को दो मृत और अर्थहीन कठघरों में विभाजित करना चाहते हैं—द्वंद्वात्मक प्रवाह में नहीं देख पाते।

सम्प्रेषण का संकट

कला की समस्त विधाओं में शायद एकमात्र साहित्य ही ऐसा है, जिसकी पहुँच महज़ एस्थेटिक रसास्वादन तक ही सीमित नहीं रहती—उसके परे जाने की कोशिश करती है। इसका कारण है। साहित्य चूँकि सम्पूर्ण रूप से शब्द के प्रति प्रतिबद्ध है, वह कभी सम्पूर्ण रूप से आत्मकेन्द्रित नहीं हो सकता। शब्द का यह स्वभाव है कि वह दूसरे तक पहुँचकर ही सम्पूर्ति प्राप्त करता है। दूसरी तरफ़ वह एक ऐसे अनुभव से जीवन ग्रहण करता है जो अपने में नितान्त विशिष्ट है, अलग है, स्वाधीन है। शब्द की यह दुहरी प्रकृति—सम्प्रेषणीय होने की आकांक्षा और विशिष्ट (unique) अनुभव को रूपायित करने की विवशता—एक साहित्यिक रचना में अजीब-सा तनाव उत्पन्न करती है। अन्य कला-विधाओं की तुलना में साहित्य को एक दुर्गम चुनौती का सामना करना पड़ता है—उसे ऐसे शब्दों के सहारे, जिन्हें सर्वसाधारण इस्तेमाल करते हैं, उन अनुभवों को व्यक्त करना पड़ता है जो नितान्त प्राइवेट, निजी, वैयक्तिक स्तर पर भोगे गए हैं।

शायद हर समय लेखकों ने इस दबाव को महसूस किया हो। किन्तु आज के युग में यह दबाव महज़ सृजनात्मक स्तर पर ही नहीं, मनुष्य के व्यापक सामाजिक परिवेश में दख़ल देने लगा है। पहले लेखक सीधे-सीधे इस दबाव से निपटता था, अपनी रचना में सुलझाता था—सम्प्रेषणीयता एक 'समस्या' नहीं थी, वह आत्मसंघर्ष का ही एक अंग थी, जिसे सृजन-कर्म से अलग करके नहीं देखा जाता था। किन्तु आज के आधुनिक समाज में, जहाँ राजनीतिक अर्द्धसत्यों और पत्रकारिता के कुत्सित, अति सरलीकृत मुहावरों ने मनुष्य के दैनिक अनुभवों को जकड़ लिया है, वहाँ ख़ुद 'अनुभव' का विशिष्ट, जीवन्त स्वरूप नष्ट हो गया है। वह एक 'औसत 'अनुभव बनके रह गया है।

औसत अनुभव को सर्वसाधारण का अनुभव नहीं कहा जा सकता—सर्वसाधारण में भी अलग-अलग व्यक्ति शामिल होते हैं, जिनके अपने सच्चे, प्रामाणिक, असली अनुभव होते हैं। औसत अनुभव वास्तव में छद्म अनुभव होता है, वह असली अनुभवों का परजीवी है, उन्हें खोखला करता है और मनुष्य के निम्नतम, न्यूनतम हिस्से का प्रतिनिधित्व करता है। सम्प्रेषणीयता की समस्या विशिष्ट को सार्वजनीन बनाने की समस्या है, किन्तु औसत अनुभव इस समस्या से कतराकर विशिष्ट और सार्वजनीन, दोनों को एक ऐसे बने-बनाए यांत्रिक साँचे में ढाल देता है, जहाँ एक ख़ास बटन दबाने से एक ख़ास प्रतिक्रिया बाहर आ जाती है। वह जीवन्त मनुष्य की निजी अनुभूतियों, रुचियों, प्रतिक्रियाओं को एक पुतले की यांत्रिक, जानी-पहचानी और सरलीकृत 'हरकतों' में बदल देता है और इस पुतले को सामान्य पाठक, सामान्य श्रोता, सामान्य दर्शक का नाम देता है। स्थिति यह है कि इसी 'सामान्य' पाठक और दर्शक के नाम पर पुस्तकें लिखी जाती हैं, फ़िल्में बनाई जाती हैं। वह सच्चे अर्थों में कला का उपभोक्ता है।

उपभोक्ता की यह विशेषता है कि वह अपनी मौलिक आकांक्षाओं से अपरिचित है, क्योंकि वह ख़ुद अपने से अपरिचित है। यह नहीं कि उसकी इच्छाएँ नहीं हैं—किन्तु वह स्वयं इन इच्छाओं का निर्माता नहीं है। हम मनोरंजन चाहते हैं, क्योंकि वह मन की भूख है—लेकिन वह मन केवल उन चीज़ों से ही अपनी भूख मिटा सकता है, जो मंडी में उपलब्ध हैं। दूसरे शब्दों में, जिसे हम अपना मन या इच्छा कहते हैं, वह हमसे न जुड़ी होकर चीज़ों के साथ जुड़ी है, वह चीज़ टूथपेस्ट हो या पेंटिंग्स या टेलीविज़न का प्रोग्राम, इससे कोई अन्तर नहीं पड़ता। भूख हमेशा सच्ची होती है, किन्तु ज़रूरी नहीं है कि उसे तृप्त करने के साधन भी खरे हों। चूँकि इन साधनों पर हमारा कोई अधिकार नहीं, ख़तरा हमेशा बना रहता है कि वे खरे नहीं होंगे—किन्तु उपभोक्ता के पास इसकी भी कसौटी नहीं कि वह इन साधनों की जाँच कर सके। कसौटी वहीं होती है जब मनुष्य ख़ुद अपने मन को जानता हो। आज हम जिस दुश्चक्र में फँस गए हैं, उसमें यह जानना, यह ज्ञान, अगर आपको बुरा न लगे तो कहूँ, यह आत्मज्ञान असम्भव बन गया है।

ऊपर का तर्क केवल सामान्य उपभोक्ता पर ही नहीं, कला के उपभोक्ता पर भी लागू होता है। वे, जो फ़िल्में और चित्र देखते हैं, पुस्तकें पढ़ते हैं, संगीत सुनते हैं—सब उस वर्ग में आ जाते हैं जिसे अंग्रेज़ी में 'ऑडिएंस' कहा जाता है। ये लोग अपनी मौलिक, निजी, विवेकसम्पन्न रुचियों द्वारा किसी कलाकृति का आस्वादन नहीं करते; सिर्फ़ जो मिल जाता है, उसका उपभोग करते हैं। यहाँ यह बात अप्रासंगिक हो जाती है कि कुछ सुरुचिसम्पन्न वर्ग के लोग ऊँचे स्तर की कला पसन्द करते हैं, जबकि आम लोग निकृष्ट, बाज़ारू क़िस्म के मनोरंजन को। संस्कृति को 'उच्च' और 'निम्न श्रेणी के कठघरों में बाँटने से उपभोक्ता की आत्यन्तिक प्रकृति में कोई फ़र्क़ नहीं पड़ता। यदि कोई व्यक्ति 'टाइम्स' पढ़ता है और 'अच्छी' फ़िल्में देखता है, तो इससे एक 'एलीट' संस्कृति

का आविर्भाव तो हो सकता है किन्तु यह प्रमाणित नहीं होता कि वह व्यक्ति 'बाज़ारू' संस्कृति के उपभोक्ता की तुलना में अधिक स्वतंत्र, प्रबुद्ध और विवेकशील है। सत्य यह है कि 'एलीट' और 'वल्गर' ऊपर से चाहे कितने भिन्न हों, अपनी रुचियों में एक ही क़िस्म की दासवृत्ति और छिछोरापन प्रदर्शित करते हैं—वे एक ही सिक्के के दो पहलू हैं। दोनों की रुचियाँ अपनी मौलिक, आत्यन्तिक भूख द्वारा नहीं, बाहरी शक्तियों द्वारा निर्धारित होती हैं।

ध्यान से देखें तो संस्कृति का 'उच्च' और 'निम्न' वर्गों में विभाजन केवल औद्योगिक, आधुनिक समाज की देन है—पहले किसी युग में इस तरह का विभाजन सम्भव न था। क्या हम निश्चित रूप से कह सकते हैं कि शेक्सपियर उच्च या निम्न संस्कृति के प्रतिनिधि थे? भक्तिकाल के कवि कौन-से कठघरे में आते हैं? यह प्रश्न ही सारहीन था; क्योंकि पिछले युगों में सांस्कृतिक अनुभव सार्वभौमिक था, मनुष्य की मनीषा धार्मिक और सेक्यूलर अनुभवों में विभाजित नहीं थी, न ही शिक्षित, अशिक्षित, अभिजात और गँवारू-जैसी रूढ़ इकाइयों में मनुष्य के विश्वासों और अनुभवों को बाँधा जा सकता था। यह नहीं कि समाज में वर्ग नहीं थे, किन्तु कुछ अनुभव ऐसे थे जो जीवन की मूल-धारा से सम्बन्धित थे—और यह धारा हर वर्ग की दीवारों के बीच दरवाज़े बनाकर बहती थी। विशिष्ट असाधारण अनुभव व्यक्तियों के भीतर होते थे, वह चाहे भिखारी हो या राजपुरुष—एक वर्ग तक सीमित नहीं थे। यही कारण है कि मध्ययुगीन समाज में (और उससे भी पहले पुरातन क्लासिक-युग में) एक व्यक्ति का 'विज़न', चाहे भारत में कबीर हों या यूरोप में सेंट फ्रांसिस ऑफ़ असीसी, बिना किसी 'मास मीडिया' के भी, बहुत शीघ्र समूचे समाज को प्रभावित करता था। सम्प्रेषणीयता की समस्या उस समाज में नहीं होती जहाँ हर व्यक्ति अपने संस्कारों, स्मृतियों और विश्वासों में दूसरे व्यक्ति से जुड़ा रहता है।

वहाँ लोग अपने अनुभवों का साझा करते हैं—उपदेश, प्रचार और विज्ञापन द्वारा नहीं, बल्कि अचेतन और नैसर्गिक ढंग से, एक सामूहिक मनीषा के स्तर पर, जो दरिया की तरह सब अनुभवों को समेटकर चलती है।

आज के तकनीकी समाज में यह सामूहिक अनुभव असम्भव और दुर्लभ हो गया है। हर वर्ग की अपनी रुचि है, जो उसकी जीवन-पद्धति से जुड़ी है और इस पद्धति का दूसरे वर्ग के लोगों के कार्य-कलाप, जीवन-अनुभवों से कोई साझा नहीं है। स्वयं इन वर्गों के सदस्य अपने वैयक्तिक अनुभवों को परिभाषित नहीं कर पाते; क्योंकि परिभाषित करने के लिए जिस स्वतंत्र मेधा की ज़रूरत है, वह पहले से ही सत्तारूढ़ शक्तियों द्वारा दूषित हो चुकी है। अनुभवों के विशिष्ट जीवन्त कोने औसत, टकसाली साँचे में ढलकर झर जाते हैं—वे सब एक जैसे, एक समान नज़र आते हैं। सबसे बड़ा व्यंग्य यह है कि इस समाज ने सम्प्रेषणीयता की समस्या को सुलझाया नहीं, ख़त्म कर दिया। जब सबके अनुभव एक ही तरह के होते हैं, तब सम्प्रेषणीयता की समस्या कहाँ उत्पन्न होती है? जब कोई अनुभव विशिष्ट नहीं, तो उसे सार्वजनीन बनाने की ज़रूरत नहीं—वह महज़ एक औसत अनुभव है, जो सबका है और किसी का नहीं।

फ्लाबेअर शायद पहले लेखक थे जिन्होंने पश्चिमी समाज की इस भयानक, मशीनी, चेतना-शून्य प्रवृत्ति को पहचाना था। उन्होंने अकेलेपन को चुना था—एक अभिशाप के रूप में—क्योंकि उन्हें बुर्ज़ुआ वर्ग की रुचि में विश्वास नहीं था, जो उनकी किताबें पढ़ता था। वे स्वान्त: सुखाय—वाले लेखक नहीं थे। वह लेखक, जो अपने लिए, अपने आनन्द के लिए लिखता है, उसे कोई कष्ट नहीं होता। फ्लाबेअर का कष्ट यह था कि उन्हें शब्द की सम्प्रेषणीयता में विश्वास था, किन्तु इस पर कोई विश्वास नहीं था कि जिस समाज में वे रहते हैं, उसमें लोग वे ही शब्द सुनेंगे, जिन्हें वे कहना चाहते हैं। यह वह ऐतिहासिक क्षण था,

जब पहली बार विशिष्ट अनुभव और औसत रुचि के बीच एक खाई खुल गई थी। यह वह क्षण भी था जब पश्चिमी समाज में पहली बार आम श्रोता-वर्ग (mass audiance) का आविर्भाव हुआ था। लेखक अपने को इससे बिलकुल अलग पाता था। वह कुछ भी होने के लिए तैयार था (और यह तैयारी एक प्रकार की मजबूरी थी), एक अराजक विद्रोही, आउटसाइडर, अपराधी—किन्तु वह किसी भी शर्त पर पाठकों की इस आम पब्लिक को प्रसन्न करने के लिए इच्छुक नहीं था। उन्नीसवीं शती के आख़िरी चरण में एक ऐसी 'भीड़' का जन्म हुआ था, जिसका अपना कोई चेहरा नहीं था। जिसका कोई चेहरा नहीं, उससे प्यार कैसा? सम्प्रेषणीयता की भावना प्रेम से उत्पन्न होती है—तभी जीसस क्राइस्ट ने कहा था : "जहाँ तीन-चार लोग भी मुझे चाहते हों, मैं वहाँ मौजूद हूँ।" इस भीड़ को न जीसस की ज़रूरत थी, न कलाकार की—उसकी ज़रूरत को एक व्यावसायिक, बाज़ारू 'लेखक' आसानी से पूरा कर सकता था।

इस सन्दर्भ में यह कहना ज़रूरी है कि व्यक्ति को भीड़ में बदल देने का श्रेय केवल बुर्ज़ुआ समाज को नहीं जाता। आज 'समाजवादी' देशों में 'जनता' शब्द भी उतना ही दूषित और अर्थहीन हो चुका है, जितना 'भीड़' का शब्द। दोनों में एक रक्त-मांस के व्यक्ति के जीवन्त, धड़कते अनुभवों का निषेध होता है, दोनों में मनुष्य की ठोस प्राणवत्ता को एक अमूर्त, निर्जीव पदार्थ में बदल दिया जाता है। व्यक्ति की विवेक-दृष्टि, अच्छे-बुरे की पहचान, उसकी अमूल्य निधि है—इस निधि से वंचित किये जाने पर, चाहे वह मंड की अदृश्य शक्तियों द्वारा वंचित किया जाए या राज्य की सत्ता द्वारा, उसके मनुष्यत्व, उसकी मानवीय मेधा, का हनन होता है। इन दोनों स्थितियों में ही व्यक्ति के निजी, विशिष्ट अनुभवों को निम्नतम औसत अनुभवों में भ्रष्ट किया जाता है—और फिर उसे नियंत्रित करने के द्वार खुल जाते हैं।

एक स्वतंत्र मनुष्य को नियंत्रित करना असम्भव है, किन्तु उसे भीड़ या जनता का अमूर्त अंग बनाकर आसानी से तोड़ा-मरोड़ा जा सकता है। तोड़ने-मरोड़ने की इस प्रक्रिया में भाषा सबसे सशक्त और ख़तरनाक भूमिका अदा करती है—कारण के रूप में भी और परिणाम के रूप में भी। विज्ञापन की भाषा पढ़कर हम साबुन की टिकिया ख़रीदते हैं, फिर जब वह साबुन इस्तेमाल करने के आदी हो जाते हैं, तो इस भ्रम के शिकार हो जाते हैं कि हम अपनी इच्छा से ही वह साबुन ख़रीद रहे हैं। प्रचार की भाषा पढ़कर हम सोचते हैं कि लोकतंत्र की रक्षा तभी हो सकती है, जब हम अपने पर अंकुश लगाएँ—फिर कुछ दिनों बाद हम इस अंकुश के इतने आदी हो जाते हैं कि याद भी नहीं रहता कि इससे लोकतंत्र की रक्षा हो रही है या अंकुश लगानेवाले की।

आज अक्सर लेखक और पाठक के बीच 'संवाद के प्रभाव' (communication-gap) की चर्चा की जाती है। यदि आज संवाद की सम्भावना इतनी सिकुड़ गई है तो इसलिए नहीं कि लेखक अधिक आत्मकेन्द्रित हो गया है और पाठक कम संवेदनशील, बल्कि इसलिए कि लेखक और पाठक, दोनों को अपने दैनिक व्यवहार में ऐसी भाषा के सम्पर्क में आ जाना पड़ता है, ऐसे शब्दों का इस्तेमाल करना पड़ता है, जिनमें मनुष्य के सिर्फ़ निम्नतम औसत, विज्ञापनग्रस्त अनुभव ही व्यक्त हो सकते हैं। अनुभवों के अवमूल्यन से भाषा भ्रष्ट होती है। भ्रष्ट भाषा में मूल्यवान अनुभव व्यक्त नहीं हो सकता—इस दुश्चक्र में फँसकर अर्थपूर्ण संवाद (जिससे अर्थपूर्ण साहित्य का जन्म होता है) की सम्भावना ही नष्ट हो जाती है। जिस तरह पूँजीवादी मंडी में चीज़ का आत्यन्तिक मूल्य कोई महत्त्व नहीं रखता, उसका विनिमय मूल्य ही सर्वशक्तिमान है, बिलकुल उसी तरह आज हमारे समाज में किसी व्यक्ति का आत्यन्तिक अनुभव कोई महत्त्व नहीं रखता जब तक उसे एक ऐसे औसत अनुभव में न घोल दिया जाए जिससे उसका असली मौलिक

अर्थ तो नष्ट हो जाता है, किन्तु वह 'विनिमय' लायक़ अवश्य हो जाता है। इसीलिए रेडियो, टेलीविज़न, समाचार-पत्रों में जो रोज़ हज़ारों शब्द उछाले जाते हैं, इस्तेमाल होते हैं, वे अपने विनिमय मूल्य के कारण ही उनका आत्यन्तिक महत्त्व कुछ भी नहीं है। इन्हीं शब्दों द्वारा रात को दिन और दिन को रात प्रमाणित किया जा सकता है—हम उन्हें रोज़ सुनते हैं, पढ़ते हैं और फिर सो जाते हैं।

हमारे 'स्वप्न' भी इन्हीं शब्दों द्वारा अनुशासित होने लगते हैं।

अत: आधुनिक लेखक को चाहे-अनचाहे दो में से एक रास्ता चुनना पड़ता है, कम-से-कम सम्प्रेषणीयता का जोखिम उठाकर अपने शब्दों में अधिक-से-अधिक प्रामाणिक अर्थ भरने की कोशिश करना या शब्द को प्रासंगिक अर्थ से वंचित करके अधिक-से-अधिक व्यापक सम्प्रेषणीयता—लोकप्रियता—उपलब्ध कर पाना। पहला रास्ता बाज़ारू यांत्रिक औसत अनुभव का तिरस्कार करता है, दूसरा रास्ता उसी अनुभव को पूजता है। यहाँ प्रश्न सामान्य अनुभव को विशिष्ट अनुभव से अलग करने का नहीं है—हर सामान्य व्यक्ति का अनुभव भी अपने में विशिष्ट होता है—प्रश्न विशिष्ट और औसत, प्रामाणिक और छद्म अनुभवों के बीच भेद करने का है।

हम देखते हैं कि लेखक कोई भी रास्ता चुने, वह आत्मघाती होगा। हमारे अपने अनुभव सच्चे और प्रामाणिक भले ही हों, दूसरों तक पहुँच पाने की सामर्थ्य यदि उनमें नहीं है तो वे अनुभव बिना किसी रेफ़रेंस, बिना किसी कसौटी के—धीरे-धीरे अपनी सच्चाई भी खो देंगे। दूसरी तरफ़ यदि अनुभव दूसरों तक पहुँचते हुए अपनी अर्थवत्ता, गरिमा और विशिष्टता खो देते हैं, तो वे भले ही सम्प्रेषणीय हों, जिन तक वे पहुँचेंगे, उनके लिए इन अनुभवों का कोई मतलब नहीं रह जाएगा। "आधुनिक लेखक की यह विडम्बना कि सम्प्रेषणीयता सिर्फ़ अर्थ खोकर और अर्थ सिर्फ़ सम्प्रेषणीयता खोकर प्राप्त किया जा सकता है,

आज के तकनीकी समाज की विलक्षण देन है।" मध्य युग में यूरोपीय लेखक के सामने इस तरह की कोई आत्मघाती विवशता नहीं थी। आज भी ग़ैर-पश्चिमी 'तीसरी दुनिया' के लेखकों को इस तरह के यातनामय द्वंद्व का सामना नहीं करना पड़ता।

इसका कारण है। एक ऐसे समाज में, जिसकी मनीषा उसके सदस्यों के संस्कारों से गुँथी है, शब्द महज़ अर्थ वहन करने का साधन मात्र नहीं रहता। वह स्वयं अर्थ के साथ एकीकृत हो जाता है। हम देखते हैं कि यदि किसी समाज के सामूहिक अनुभव धर्म द्वारा उत्प्रेरित होते हैं, तो वह धर्म या धार्मिक विश्वास उस समाज के हर व्यक्ति के विशिष्ट अनुभवों का सामान्य 'रेफ़रेंस' या कसौटी बन जाता है। एक ही समय में किसी व्यक्ति का अनुभव विशिष्ट भी होता है और सार्वजनीन भी, उसी तरह जैसे धागे में बँधे मोती अलग रहकर भी एक ही माला के अंग होते हैं। अतः शब्द व्यक्तियों के बीच सम्प्रेषणीयता स्थापित नहीं करते बल्कि महज़ उसे उद्घाटित करते हैं, जो पहले से ही उनके बीच अदृश्य रूप से व्याप्त हैं। इसीलिए आदिवासियों की समाज-व्यवस्था में (जहाँ व्यक्तियों के विश्वास धर्म की अपेक्षा कहीं ज़्यादा गहरी 'मिथक-चेतना' द्वारा संचालित होते हैं) महज़ एक व्यक्ति की आवाज़ ही समूचे सम्प्रदाय के सदस्यों को एक सामूहिक अर्थ दे सकती है, वहाँ शब्द और अर्थ आपस में इतना अधिक जुड़ जाते हैं कि शब्दों के अवमूल्यन का प्रश्न ही उत्पन्न नहीं होता। खंडित अनुभवों के बीच ही भाषा के भ्रष्ट होने का ख़तरा बना रहता है—किन्तु जहाँ अनुभव एक सार्वभौमिक बोध के साथ जुड़े रहते हैं, वहाँ शब्द अपना मौलिक अर्थ क़ायम रखते हैं। जिस तरह कविता के शब्दों या मंत्र के उच्चारण में ही कविता और मंत्र का 'जादू' छिपा रहता है, उसके बाहर नहीं, उसी तरह प्राचीन समाज में व्यक्तियों के बीच बोला हुआ शब्द अपने में ही एक ऐसे अनुभव का संकेत या सिग्नल बन जाता है,

जो दूसरों को दिया नहीं जाता, बल्कि जिसमें दूसरों को 'आमंत्रित' किया जाता है। विशिष्ट और सार्वजनीन अनुभवों के बीच दीवार उसी समाज में खड़ी होती है, जिसमें 'मैं' दूसरों का विरोधी है, जो अपनी चेतना के द्वीप में अकेला रहता है, जिसके अनुभवों की प्रामाणिकता भी इस 'मैं' के अलावा कहीं और नहीं है। ऐसी स्थिति में ही 'सम्प्रेषणीयता' की समस्या उत्पन्न होती है; क्योंकि लेखक जिस शब्द को अर्थ देता है, अर्थ का अनुभव-सन्दर्भ सिर्फ़ लेखक के अलावा और किसी के पास नहीं, कोई उसमें शामिल नहीं, कोई उसमें साझा नहीं करता। किन्तु जहाँ लेखक और श्रोता (या पाठक) के अनुभव एक सामूहिक सांस्कृतिक चेतना में सन्निहित होते हैं, वहाँ 'मैं' और 'अन्य' दो विरोधी पक्ष न होकर एक संस्कार के दो पहलू होते हैं। इस संस्कार में दोनों की समान स्मृति शामिल होती है—इस स्मृति के भीतर से ही उस रूपक (metaphor) का जन्म होता है, जो विशिष्ट और सार्वभौमिक को अपनी संरचना में जोड़ता है। रूपक की विशेषता ही यह है कि वह सम्प्रेषण नहीं, आह्वान करता है, बुलाता है, लेखक और श्रोता, दोनों का जीवन-बोध शब्द के प्राथमिक, प्रामाणिक अर्थ द्वारा आलोकित करता है।

आज के तकनीकी समाज में, जहाँ व्यापक पैमाने पर मशीनी साधनों (mass media) द्वारा शब्द को प्रसारित किया जाता है, भाषा का यह 'रूपक-संस्कार' नष्ट हो चुका है। दो औसत अनुभवों के बीच शब्द महज़ सूचना का साधन बन जाता है, स्मृति का वाहक नहीं—वह हमारे व्यक्तित्व के सबसे ऊपरी सतही और उथले पहलू का स्पर्श करके खो जाता है। यदि भाषा महज़ सम्प्रेषण का साधन बन जाती है, तो अन्ततोगत्वा उसकी सम्प्रेषण शक्ति भी मुरझा जाती है। यह कोई विरोधाभास नहीं है। भाषा की सही सम्प्रेषणीयता दूसरे तक अपना प्रामाणिक अनुभव पहुँचाना है, किन्तु जब हम स्वयं अपने अनुभवों को टेलीविज़न, समाचार-पत्रों और राजनीतिज्ञों से प्राप्त करने लगते हैं,

तब हम अपने 'सत्य' से ही कट जाते हैं; दूसरों तक जो पहुँचाते हैं, वह पहले से ही दूषित और नक़ली हो चुका होता है। इसलिए आदमी थक-हारकर चुप रहना पसन्द करता है। आज के युग में यदि मौन का महत्त्व इतना अधिक बढ़ गया है तो इसलिए नहीं कि बुद्ध-दर्शन में जो मौन की महिमा है, हमने उसे समझ लिया है, बल्कि हमारा 'मौन' एक तरह की हताश ख़ामोशी है, जो सम्प्रेषण की असमर्थता के कारण उत्पन्न होती है। यह महज़ संयोग नहीं है कि आज की युवा पीढ़ी (विशेष कर पश्चिम में) शराब छोड़कर गाँजे-चरस को पसन्द करती है, शराब पीकर आदमी बोलता है, किन्तु 'ड्रग्स' का व्यसन हमें ख़ामोश बना देता है, हम अपने में ही सिमट जाते हैं। कुछ लम्हों के लिए हम भाषा और श्रोता, दोनों से ही मुक्ति पा लेते हैं।

किन्तु लेखक शब्दों से मुक्ति नहीं पा सकता। वह अभिशप्त रूप से उनसे बँधा है। इससे एक विकट स्थिति उत्पन्न होती है। वह अपनी अभिशप्त स्थिति का अतिक्रमण करने की बजाय ख़ुद शब्दों से बदला चुकाने लगता है। वह भाषा से ही खिलवाड़ करने लगता है—और कभी-कभी यह 'खिलवाड़' अपने में ही अजीब गहरी सार्थकता ग्रहण करने लगती है। इसका सजीव उदाहरण हमें जॉयस के उपन्यास 'यूलिसिस' में मिलता है, जहाँ शब्दों को सार्थक अर्थ देने की चेष्टा नहीं की गई, बल्कि उनके छद्म, बाज़ारू, प्रचलित अर्थ को अनेक स्तरों पर उभारा गया है। यह नष्ट करने का प्रयोग था, जिसके द्वारा खोखले शब्दों पर चढ़े मुलम्मे को उतारा गया था, एक तरह से उनकी कलई खोली गई थी। कभी-कभी ऐसा होता है कि हम चाहे सत्य को प्राप्त न कर सकें,

अपने झूठ को पहचान लेते हैं, उस 'झूठ' को उद्घाटित करने का जोखिम उठा लेते हैं। यह अपने में एक नैतिक कर्म है। इस अर्थ में भाषा की दुनिया में जॉयस ने एक महत्त्वपूर्ण नैतिक भूमिका अदा की थी।

किन्तु भाषा के साथ 'खिलवाड़' एक दुधारी तलवार है—कलात्मक नैतिकता से ज़रा फिसलकर लेखक इस खिलवाड़ को महज़ आत्मरति में भी बदल सकता है, जिसे हम 'एस्थेटिक एडवेंचर' भी कह सकते हैं। ऐसी स्थिति में लेखक शब्दों के छद्म अर्थ को नहीं उघाड़ता, केवल उन्हें अर्थहीन कर देता है। अर्थहीनता अपने में एक मूल्य बन जाती है, जिसके अनेक उदाहरण हमें तथाकथित 'अवाँ गार्द' साहित्य में मिलते हैं। यह उस ख़ामोशी का दूसरा सिरा है, जिसका ज़िक्र मैंने ऊपर किया है। दरअसल दोनों के बीच कोई मूलभूत अन्तर नहीं है। ख़ामोशी और शब्दों की अर्थहीनता—दोनों सम्प्रेषण की समस्या से कतराकर निकल जाती हैं—एक अजीब-सा सन्नाटा पैदा करती हैं, जिससे न तो उस समाज-व्यवस्था का बाल बाँका होता है, जिसने शब्दों को भ्रष्ट किया है, न ही वे इन शब्दों के बाज़ारू और औसत 'चलन' पर व्यंग्य करती हैं, जैसा जॉयस ने किया था। एक तरह से देखें तो अधिनायकवादी या फ़ासिस्ट व्यवस्था में जिस तरह प्रचारवादी साहित्य शब्दों को पतित और कलुषित करता है, वह पश्चिम के 'अवाँ गार्द' साहित्य की अर्थहीनता से कम घातक है; क्योंकि प्रचारवादी साहित्य का झूठ पाठक एकदम पहचान जाता है—ख़ुद वह अपने जीवन अनुभव से जान लेता है कि सत्य टॉमस मान और सोल्ज़िनित्शिन के निकट है, या उनके निन्दकों और आलोचकों के पास। इसीलिए सत्ता द्वारा प्रचलित साहित्य कभी पूर्ण रूप से विश्वसनीय नहीं हो सकता—व्यक्ति का दैनिक अनुभव हमेशा उसके आगे अपना प्रश्नचिह्न लगा देगा, मुँह पर पट्टी बाँधे हुए भी उसके झूठ और छद्मता को चुनौती देता रहेगा।

किन्तु सम्प्रेषण के स्रोतों को दूषित करने का 'श्रेय' केवल सत्तारूढ़ साहित्य को ही नहीं जाता, तथाकथित 'विद्रोही' साहित्य को भी जाता है। वास्तव में दोनों ही एक सिक्के के दो पहलू हैं—दोनों ही आधुनिक तकनीकी व्यवस्था के अपार साधनों का मनमाना दुरुपयोग करते हैं। दोनों ही 'पदार्थ' की आड़ में सत्य को—और सत्य के वाहक शब्द को—विकृत करते हैं। इसका सजीव उदाहरण हमें मिलता है जहाँ क्रान्ति और समाजवाद के शब्दों को ठीक वही शक्तियाँ बार-बार दुहराती हैं, जो समाजवाद और क्रान्ति के सत्य को अपने टैंकों द्वारा कुचलने में एक क्षण नहीं कतरातीं। अनेक बार ऐसा भी देखा गया है कि वही 'विद्रोही' लेखक, जो चिली और वियतनाम के नाम पर आँसू बहाते हैं, ख़ुद अपने देश में होनेवाली तानाशाही व्यवस्था का समर्थन करते हैं।... उन्हें मायकोव्स्की के ये शब्द निरर्थक लगेंगे जब अपनी एक कविता में वे कहते हैं, "जहाँ कहीं आँसू गिरते हैं, मैं सूली पर लटक जाता हूँ।" ये 'विद्रोही' लेखक आँसुओं को भी अपने राजनीतिक तराज़ू में तौलते हैं, चिली के आँसू ठीक हैं, चेकोस्लोवाकिया के ग़लत। वे ख़ुद सूली पर नहीं चढ़ते, हमेशा दूसरों को सूली पर चढ़ाने के लिए तत्पर रहते हैं।

कहना न होगा कि इस तरह का छद्म विद्रोही साहित्य उतना ही 'लोकप्रिय' होता है, जितना पश्चिमी जगत् का व्यावसायिक, पापुलर लेखन—दोनों ही मनुष्य के निम्नतम स्तर को लुभाते हैं, उसके आन्तरिक सत्य से अपने को बचा ले जाते हैं। यदि व्यावसायिक दुनिया का 'बेस्ट सेलर' मनुष्य का मनोरंजन करता है, ताकि वह अपनी यातना को भूल सके तो 'विद्रोही' साहित्य ख़ुद इस यातना का शोषण करता है, ताकि मनुष्य अपने स्वतंत्र व्यक्तित्व को भूल सके। दोनों के बीच मनुष्य अपने अनुभवों की गरिमा और गौरव खो देता है।

ऐसा साहित्य वास्तव में 'वस्तु' होता है, साहित्य का भ्रम देता है, साहित्य नहीं होता। इसलिए उसके सामने सम्प्रेषण की समस्या नहीं, बिकने की समस्या होती है—और यहाँ मैं 'बिक्री' शब्द का उसके व्यापक अर्थ में इस्तेमाल कर रहा हूँ, जहाँ किसी 'चीज़' को—वह चाहे 'बेस्ट सेलर' हो या राजनीतिक पैम्फ़लेट—लोगों द्वारा स्वीकार करवाने के लिए हर तरह का प्रचार-प्रोपेगैंडा किया जाता है। ज़ाहिर है, ऐसा 'साहित्य' टिकाऊ नहीं होता—कल जो उपन्यास सबसे अधिक लोकप्रिय था, आज उसे कोई याद भी नहीं रखता। लोकप्रिय साहित्य के प्रति लोगों की रुचि उसी तरह बदलती रहती है, जैसे स्टाक मार्केट में शेयरों का भाव चढ़ता-उतरता रहता है। रुचियों का यह उतार-चढ़ाव कोई रहस्यमय चीज़ नहीं है—वे अनुभव के औसत दायरे के इर्द-गिर्द चक्कर लगाती रहती हैं, उसके बाहर नहीं जातीं। पुस्तकों के नाम और लेखक बदल जाते हैं, उसी तरह जैसे कुछ लिपस्टिकों के लेबिल—शेड में भी थोड़ी-बहुत तब्दीली हो जाती है, कथानक की घटनाओं की तरह—किन्तु उन्हें बिकाऊ बनाने की व्यावसायिक राजनीतिक भावना एक जैसी ही रहती है। उसको बनावट में कभी कोई परिवर्तन नहीं होता।

यह भयंकर स्थिति एक ऐसे बिन्दु तक पहुँच जाती है कि मनुष्य अपने औसत, बाज़ारू अनुभव के बाहर किसी सत्य को नहीं समझ पाता—क्योंकि उसकी कल्पना धीरे-धीरे सिकुड़कर केवल उसकी रुचियों तक सीमित रह जाती है। यह आकस्मिक नहीं था, जब पहली बार जॉयस, प्रूस्त और काफ़्का-जैसे लेखकों की कृतियाँ प्रकाशित हुईं तो बहुत कम लोगों का ध्यान उनकी ओर आकृष्ट हुआ था। ये कृतियाँ उनकी कल्पना के घेरे में कहीं भी फिट नहीं हो सकती थीं। स्वयं आर्वेल अपने समय में सबसे अधिक बदनाम लेखक थे, क्योंकि उन्होंने तथाकथित वामपंथी लेखकों के नारों और कृत्यों के बीच की दुहरी नैतिकता पर व्यंग्य किया था।

इन लेखकों का कोई बना-बनाया पाठक वर्ग नहीं था; क्योंकि अपनी पुस्तकों में उन्होंने जिस अनुभव को प्रस्तुत किया था, उसे 'लोकप्रियता' की कसौटी पर नहीं परखा जा सकता था। यदि ये कृतियाँ क्रान्तिकारी थीं तो अपने विद्रोह के सस्ते फ़ॉर्मूलों के कारण नहीं, न ही अपने एस्थेटिक प्रयोगों के कारण। साहित्य में उनका क्रान्तिकारी महत्त्व इस भेद में निहित था कि उन्होंने मनुष्य की स्मृति, अतीत और नियति के उन धुँधले प्रदेशों को आलोकित किया था जो अर्द्धसत्यों और छद्‌म अनुभवों के पटाक्षेप में दबे रहते हैं, स्वयं मनुष्य की दृष्टि से तिरोहित हो जाते हैं। इन कृतियों ने शब्दों पर जमी इतिहास की धूल पोंछकर उन्हें दुबारा अपने मौलिक, नंगे स्पन्दन से जोड़ा था, ताकि समय और सत्ता में सन्निहित स्वार्थों की कुहेलिका से हटकर मनुष्य स्वयं अपनी नियति से मुठभेड़ करने का प्रकाश पा सके। "वे कृतियाँ अमर कालजयी हैं तो इसलिए नहीं कि वे काल से कतराकर लिखी गई हैं, बल्कि इसलिए कि उन्होंने काल के भीषण अमानवीय आतंक का सामना और अतिक्रमण करने का जोखिम उठाया है।"

ऊपर की बहस हमें एक अत्यन्त महत्त्वपूर्ण निष्कर्ष पर ले आती है : किसी युग में यदि कोई कलाकृति लोगों को तुरन्त समझ में नहीं आती या ठीक-ठीक सम्प्रेषणीय नहीं हो पाती तो इसका कारण सिर्फ़ यह नहीं होता कि वह कृति अपने में दुरूह है। इससे भी अधिक महत्त्वपूर्ण कारण यह हो सकता है कि वह कृति उन नैतिक मान्यताओं पर ही गहरी चोट करती है, जिसमें आम लोग रहने के अभ्यस्त हो चले हैं। वह उन भ्रमों और सुखद भ्रान्तियों पर शंका प्रकट करती है,

जिन्हें हम अपनी सुख-सुविधा के लिए अपना लेते हैं। इस अर्थ में कला में नई फ़ॉर्म की खोज गहनतम स्तर पर एक नैतिक विवशता से जन्म लेती है, क्योंकि हर क़दम पर लेखक को उन सर्वसम्मत भ्रमों से टकराना पड़ता है जो स्वयं उसकी सृजन-यात्रा में रोड़ा बन जाते हैं। यह वह बिन्दु है, जहाँ विटगेंस्टाइन के शब्दों में : "हर कलात्मक कृति अन्ततोगत्वा अपने मूल में नैतिक होती है।"

अत: यह आश्चर्य की बात नहीं है कि आज का श्रेष्ठ सृजनात्मक साहित्य आत्मप्रदर्शन और विद्रोह-भंगिमाओं से बहुत दूर है। वह उस खाई के बीच अपनी यातना को परखता है, जो मनुष्य और शब्द के बीच खुल गई है, उस खाई को पाटने की प्रक्रिया में जो कथा-कविता लिखी जाती है, वह एक तरह से स्वयं मनुष्य की खंडित आस्था को पाटने का प्रयत्न है। हमें यह नहीं भूलना चाहिए कि आज की स्थिति में लेखक उतना ही आसानी से भ्रष्ट हो सकता है, जितना उसका पाठक वर्ग। चूँकि कोई भी प्रकाश में नहीं है, अत: आसपास के अँधेरे को सही शब्द देना ही सम्प्रेषण की दिशा में पहला क़दम हो जाता है। यह अँधेरा और कहीं नहीं, शब्द और यथार्थ के बीच है। जिस हद तक शब्द को उसके असली अर्थ से स्खलित करके एक पिटे-पिटाए मुहरे, मुहावरे या नारे के रूप में इस्तेमाल किया जाता है—उस हद तक यथार्थ को एक भ्रम और छलना में बदल दिया जाता है, उसे एक औसत, आम, निर्वैयक्तिक अनुभव के दुर्ग में बन्द कर दिया जाता है। लेखक का यह न सिर्फ़ कर्म है, बल्कि नैतिक दायित्व भी कि वह शब्द को इस दुर्ग की चहारदीवारी से छुटकारा दिलाए, ताकि उसे वह एक ऐसा विशिष्ट अर्थ दे सके, जो हर व्यक्ति के जीवन-अनुभवों में ध्वनित होता है। तब लेखक और श्रोता (या पाठक) के बीच दीवार अपने-आप ढह जाएगी। लेखक को यह ज़रूरत नहीं पड़ेगी कि वह पाठक की उपेक्षा करे, या उसका मन बहलाए या उसका विरोध करे।

तब श्रोता या पाठक बाहर की दुनिया का अजनबी जीव न होकर स्वयं लेखक के 'निजत्व' का ही दूसरा पक्ष बन जाएगा, जिससे सम्प्रेषण करने का मतलब होगा, स्वयं अपने से ही संवाद करना। पाठक कोई 'दूसरा' न होकर एक सामूहिक सांस्कृतिक बोध का ही अंग होगा। इस बिन्दु पर शब्द पुनः अपनी रूपक-शक्ति प्राप्त कर सकेगा, जिसमें मनुष्य का समग्र अखंडित अनुभव आलोकित होता है।

संस्कृति, समय और भारतीय उपन्यास

हम भारतीय लेखक उस विधा के बारे में बहुत कम सोचते हैं, जिसे स्वयं अपने सृजन के लिए चुनते हैं। हमारे लिए 'विधा' महज़ माध्यम है, लक्ष्य कुछ और है; साहित्य, समाज, दर्शन। इसलिए 'साहित्यिक' साहित्य की रचना करते हैं। हम यह नहीं सोचते कि लेखक की नैतिकता उसके विचारों में या उनकी अभिव्यक्ति की विभिन्न शैलियों में निहित नहीं होती, उसकी नैतिकता इस बात में निहित होती है कि उसका अपनी विधा, अपनी भाषा के प्रति क्या रुख़ है। दो शब्दों में कहें कि जिस 'चीज़' को हम समाज की आलोचना का औज़ार मानते हैं, ख़ुद उस औज़ार का परीक्षण ज़रूरी नहीं समझते।

ज़रूरी नहीं, आत्म-परीक्षण के अभाव में सृजन-शक्ति कुंठित हो, बल्कि अक्सर देखा गया है कि अपनी विधा के प्रति अत्यधिक बौद्धिक सतर्कता कभी-कभी मुक्त, सहज, निर्दोष प्रेरणा को बोझिल और

बनावटी बना देती है। किन्तु इससे अगर कोई लेखक यह सुविधाजनक निष्कर्ष निकाल ले कि भाषा और विधाओं के बारे में माथापच्ची एक व्यावसायिक आलोचना का काम है, कलाकार का अपना कर्म नहीं, तो शायद स्वयं कला के लिए इससे आत्मघाती भ्रम कोई दूसरा नहीं। सृजनात्मक कल्पना अपने सर्वोत्तम क्षणों में उतनी ही आलोचनात्मक होती है, जितनी व्यावसायिक आलोचना अपने गरिमापूर्ण क्षणों में सृजनात्मक। सृजन और आलोचना को अलग-अलग कठघरों में बाँटकर हम एक तरफ़ आलोचना को निर्जीव और पंगु बना देते हैं, दूसरी तरफ़ सृजन को महज़ एस्थेटिक सौन्दर्य का साधन मात्र। हम अक्सर भूल जाते हैं कि कल के आधुनिक आन्दोलन, जिसकी शुरुआत बीसवीं शती के आरम्भ में हुई थी, की प्रमुख विशेषता यह प्रखर आलोचनात्मक दृष्टि ही थी।

यह आलोचना कोई बाहर की चीज़ न होकर ख़ुद लेखक के सृजनात्मक एडवेंचर से जुड़ी है—स्वयं 'लिखने' के कार्य में अन्तर्निहित है। इसलिए विचारों, सिद्धान्तों और दर्शन से अलग लेखक की आलोचना उसकी कल्पना के बीचोबीच केन्द्रित है। लेखक का 'शब्द' न यंत्र है, न माध्यम, न ही तर्कसंगत विचार-पद्धति, वह सिर्फ़ है—और उसका होना ही तीव्र ढंग से आलोचनात्मक हो जाता है। भाषा जिस चीज़ को व्यक्त करती है, स्वयं वह चीज़ भी है; जिस लक्ष्य का माध्यम है, ख़ुद वह लक्ष्य भी है; अगर वह समाज-परीक्षण का 'यंत्र' है तो स्वयं उस यंत्र को माँजने का स्वप्न भी है—साहित्य जो 'होता' है, उस 'है' से निकलकर बार-बार उसके पास लौटता है। अत: अन्तिम रूप में हर कला की लड़ाई अपने से लड़ाई है, अपना आत्म-मन्थन है। यह आत्म-मन्थन सृजन-कर्म को आलोचनात्मक करता है। शब्द किसी विचार का वाहक नहीं। जब शब्द पीछे मुड़कर अपनी तरफ़ देखता है, तो ख़ुद विचार बन जाता है। हम 'विचार' को बौद्धिकता और 'कल्पना' को सृजन के साथ नत्थी करने के इतने आदी हो चुके हैं कि यह सोचना असम्भव

लगता है कि शब्द से जुड़कर हर कल्पना वैचारिक, हर सृजन-प्रक्रिया आलोचनात्मक हो सकती है। शब्द का यह चयन मनमाना, रहस्यमय, अलौकिक नहीं है, इस चयन के पीछे लेखक का समूचा नैतिक संघर्ष छिपा होता है, बल्कि यूँ कहें, अगर लेखक की प्रतिबद्धता जैसी कोई चीज़ है, तो वह लेखक और शब्द के बीच सम्बन्ध में ही प्रतिध्वनि हो सकती है।

इससे हम एक अनोखे निष्कर्ष पर पहुँचते हैं : कोई भी कलाकृति "अपनी शुद्ध पवित्रता में ही सबसे अधिक आलोचनात्मक हो सकती है।" जिस हद तक सृजन-शक्ति समाज के बाहरी खूँटों से, समाजशास्त्र और सैद्धान्तिक आग्रहों की 'छद्‌म चेतना' से मुक्त होती जाएगी, उस हद तक ही वह सार्थक आलोचनात्मक चेतना की वाहक बन सकेगी। दूसरे शब्दों में—वही कला, जो किसी विचार का यंत्र न हो, सबसे अधिक प्रखर वैचारिक यंत्र बन जाती है। वह किसी 'सत्य' का माध्यम न बनकर ख़ुद अपने नंगे रूप में, बिना किसी समझौते का चिथड़ा ओढ़े, सत्य हो जाती है। यह न विचित्र है और न ही विरोधाभासपूर्ण कि एक अधिनायक सत्ता में शुद्ध कल्पना को सबसे अधिक सन्देह की दृष्टि से देखा जाता है। जहाँ कला को किसी बाहरी सत्य का माध्यम माना जाता रहा है, वहाँ वह कला सबसे अधिक ख़तरनाक बन जाती है जो ख़ुद अपने में सत्य उद्‌घाटित करती है। कितना बड़ा व्यंग्य है 'यथार्थवादी' कला पर, जिसका अपने यथार्थ पर विश्वास नहीं, इसलिए कितनी ख़तरनाक बन जाती है वह कला, जो किसी यथार्थ की ओट में नहीं, ख़ुद अपनी शर्तों पर, महज़ अपनी कल्पना को केन्द्र मानकर जीवित रहना चाहती है, सिर्फ़ बाहर के यथार्थ से ही नहीं बल्कि ख़ुद अपने सत्य से साक्षात्कार करना चाहती है। कला का यह आत्म-मन्थन, ख़ुद अपनी जड़ों को खोजने का यथार्थ ही उसे एक साथ आधुनिक, आलोचनात्मक और ख़तरनाक बना देती है।

यह महत्त्वपूर्ण तथ्य है कि हिटलर चौर स्तालिन, दोनों ही 'आधुनिक कला' से भड़कते थे, क्योंकि एक समय में आधुनिक होने का मतलब ही आलोचनात्मक होना था, किसी विचार या सिद्धान्त या निज़ाम की बाहरी प्रचारात्मक आलोचना नहीं, बल्कि ऐसी आलोचना जो स्वतंत्र, सृजनात्मक, पवित्र कल्पना के केन्द्र में वास करती है, इसलिए स्वत: अपने अस्तित्व द्वारा ही एक चुनौती हो जाती है। आधुनिक कलाकृति का 'विषय' चाहे अमूर्त हो, अपने में वह सबसे अधिक मूर्त स्वतंत्रता का प्रतीक हो सकती है।

आधुनिक हिन्दी कविता में कल्पना को पुन:प्रतिष्ठित करने का संघर्ष काफ़ी लम्बे अरसे तक चलता रहा है—बहुत हद तक वह जीता भी जा चुका है। यह संघर्ष कविता का बाहर से नहीं, बल्कि अपने से, अपने बीच शब्दों की यथार्थता को खोजने का संघर्ष रहा है। मुक्तिबोध-जैसे कवि को हमने उनकी 'कल्पना-लोक' की शर्तों पर स्वीकार किया है, अपनी शर्तों पर हम बरसों उन्हें उपेक्षित करते आए थे। जिस ज़मीन पर आधुनिक हिन्दी कविता ने संघर्ष किया था, वह उसे लम्बी विरासत से उपलब्ध हुई थी—एक लम्बी परम्परा का 'रेफ़रेंस' उसके पास था, तोड़ने की प्रक्रिया में जुड़ने की तीव्र आकांक्षा निहित थी, इसीलिए 'नहीं' की चीख़ भी कहीं दूर अँधेरे में 'हाँ' की कौंध पैदा करती थी। यह संघर्ष बाहरी खूँटों पर न होकर ख़ुद कविता की भाषा और संस्कारों में गुँथा था। अत: आधुनिक हिन्दी कविता अपने सर्वोत्तम क्षणों में नये या पुराने पश्चिमी या जातीय प्रभावों का झगड़ा न होकर, स्वयं अपने को नये सन्दर्भ में परिभाषित करने की कोशिश थी।

यही कारण है कि आज जिसे हम 'नई कविता' कहते हैं, जिसमें पिछले तीस वर्षों का संघर्ष शामिल है, वह ख़ुद में आलोचनात्मक कविता है—आलोचनात्मक महज़ यथार्थ या समाज के सन्दर्भ में नहीं, बल्कि गहनतम स्तर पर आत्मालोचनात्मक, जिसके बिना बाहर की आलोचना कोई मानी नहीं रखती। अगर आज रघुवीर सहाय इतने हल्के-फुल्के ढंग से, बिना किसी राजनीतिक मुद्रा या वाद का सहारा लिये, इतनी तीव्र व्यंग्यात्मक, राजनीतिक कविता लिख सकते हैं, तो इसलिए कि स्वयं हिन्दी कविता ने पिछले बरसों में गहरा आत्म-मन्थन किया है, अपनी जड़ों और भाषा-संस्कारों की सही या ग़लत, लेकिन निर्भीक, बेलौस आलोचना की है। आज की कविता के पीछे आत्म-परीक्षण की यह सशक्त पीठिका न होती, तो शायद उसका वही हस्र होता जो बरसों पहले 'प्रगतिवादी' कविता का हुआ था।

एक समय था जब आधुनिक हिन्दी कहानी ने भी आत्म-परीक्षण की इस चुभन को एक 'फ़्लैश' में पकड़ने की कोशिश की थी। तब आत्म-जिज्ञासा का ज्वार आया था, जब हमने अपने से पूछा था कि गद्य में वह कौन-सी चीज़ है जो उसे कविता का संकेन्द्रित भाव, एकनिष्ठ सघनता (intensity) देती है, और इसके बावजूद उसका अपना कथ्यात्मक स्वरूप क़ायम रह सकता है। काव्यात्मक गद्य का प्रश्न नहीं, बल्कि गद्य 'कल्पना' की जगह ढूँढ़ने का प्रश्न था, जो काव्य-सत्य को जन्म देता है। एक दूसरे स्तर पर प्रश्न यह था कि हमारे यहाँ द्विवेदी-काल से इतिवृत्तात्मक गद्य की जो परम्परा रही है, उसे कैसे किन सृजनात्मक विधानों द्वारा नया मोड़ दिया जा सके?

गद्य एक चीज़ है, उसके सामने सारा संसार फैला है—शब्दों द्वारा हम उसका निरूपण, व्याख्या कर सकते हैं। यदि इस व्याख्या के चौखटे में हम घटनाएँ, पात्र, स्थितियाँ जमा कर देते हैं तो इससे वह 'उपन्यास' नहीं बनती, इतिवृत्तात्मक चौखटे में कहानी शामिल करने से

किसी सृजनात्मक विधा का जन्म नहीं होता; क्योंकि संसार या यथार्थ के प्रति दृष्टि वही रहती है, जो व्याख्या द्वारा निरूपित होती थी। हम चौखटों को बाहर से ले सकते हैं, उन पर उपन्यास और कहानी का लेबिल भी चिपका सकते हैं, किन्तु जो यथार्थ हमारे आसपास फैला है, हमारी स्मृतियों और संस्कारों में सन्निहित है, उसका इन चौखटों से कोई वास्ता नहीं। हम जब तक इस यथार्थ को नष्ट नहीं कर देते, उसे मुर्दा और निर्जीव नहीं बना देते, तब तक उसे इन चौखटों में फिट नहीं कर सकते! यह हमारी विडम्बना है। अगर हम पश्चिम से बनी-बनाई उपन्यास की विधा उधार लेने की सुविधा उठाना चाहते हैं, तो हमें अपने अनुभव और यथार्थ को नष्ट करना होगा। यदि हम इस यथार्थ को जीवित रखना चाहते हैं, तो हमें ख़ुद 'उपन्यास 'जैसी विधा का परीक्षण करने का जोखिम उठाना होगा, जिससे आज तक हम बचते आए हैं।

कविता का समूचा रहस्य उसके 'बीजत्व' में है—एक ऐसा बीज, जिसमें 'क्षण' है, तो 'शाश्वत' भी। बीज में अतीत और भविष्य, दोनों हैं, दोनों का निषेध भी है, इस निषेध की स्वीकृति भी उसमें शामिल है। इसी में उसका रहस्य है। इसमें उसका जादू भी है—ऐसा जादू, जो एक बीहड़, प्रागैतिहासिक मिथक की तरह भाषा की अँधेरी जड़ों में बैठा रहता है। हम जिस तरह बीज को खोल नहीं सकते, बिना उसे नष्ट किये, उसी तरह बिना उसका जादू नष्ट किये, हम कविता की व्याख्या नहीं कर सकते। किन्तु गद्य की 'काव्यात्मकता', वृक्ष के विस्तार की तरह, केवल समय में ही प्रस्फुटित हो सकती है। समय का विस्तार ही वह आबोहवा है, जिसमें एक शब्द दूसरे शब्द से जुड़ता है, एक का अर्थ दूसरे में खुलता है। कविता में अकेला एक शब्द, महज़ अपने सघनत्व और अप्रत्याशित रूप से प्रकट होने की प्रक्रिया में, एक अनोखा अर्थ दे सकता है—अपने आसपास के शब्दों को फोड़ आकाश की तरफ़ एक मीनार की तरह उठता हुआ।

किन्तु गद्य में शब्दों का अर्थ अन्योन्याश्रित है, horizontal है, वह समय की लय में एक शृंखला बनाता है, एक 'कथ्यात्मक' धागे में जो 'है', उसे 'होने' में पिरोता है। यदि उपन्यास की विधा अन्य विधाओं की अपेक्षा अधिक नई है, तो इसलिए कि पहले कभी 'समय' ने इतने प्रत्यक्ष और प्रमुख ढंग से मनुष्य के जीवन में दख़ल नहीं दिया था।

समय के इन चौखटों में ही यूरोपीय उपन्यास का विकास हुआ था। कहानी कहने की परम्परा बहुत पुरानी रही हो, किन्तु जिस विशिष्ट विधा में मनुष्य और उसकी नियति के बीच सम्बन्ध जोड़ा गया, वह 'कहानी' बहुत पुरानी नहीं है। उसमें आपको एक खोए हुए सुरक्षित समय को पाने का 'नॉस्टेल्जिया' मिलेगा, तो आनेवाले समय के प्रति अदम्य विश्वास भी; तथ्यों के प्रति वस्तुपरक दृष्टि मिलेगी, तो स्वयं इन तथ्यों के लौह-चक्र से पलायन करने का स्वप्न, फ़ैंटेसी, मोह भी दिखाई देंगे। इसमें बुर्जुआ वर्ग के वे सब तत्त्व दिखाई देंगे जिनका विश्लेषण बाल्ज़ाक ने इतनी निर्मम अन्तर्दृष्टि से किया है, शहर की भीड़ में आदमी का अकेलापन और उस अकेलेपन की व्यर्थता जिसे एंगेल्स ने मैनचेस्टर में और बॉदलेयर ने पेरिस की भीड़ में देखा था। इस भीड़ के बाहर भी शान्ति नहीं थी—बाहर सिर्फ़ ऊब थी, जिसके पिंजरे में छटपटाते हुए मदाम बॉवेरी ने दम तोड़ा था। शायद ही कोई साहित्यिक विधा इतने भयानक और नंगे ढंग से समय सापेक्ष, वर्ग-सापेक्ष रही हो, जितनी उपन्यास की विधा थी। वह एक आईना थी, जिसमें पहली बार बुर्जुआ संस्कृति ने अपने दर्पपूर्ण गौरव और घिनौनी विकृति, दोनों को एक साथ देखा था।

यहाँ मेरी मंशा यूरोपीय उपन्यास का विश्लेषण करने की नहीं है। मेरा संकेत सिर्फ़ एक ख़ास संस्कृति की तरफ़ है, जिसमें यूरोपीय उपन्यास का ढाँचा तैयार हुआ था। इस ढाँचे के भीतर समय का अपना निश्चित, नियोजित संघटन था। घटनाओं द्वारा व्यक्ति चेतना का विकास होता था

और अपनी बारी आने पर ख़ुद यह चेतना घटनाओं को परिभाषित, आलोकित करती थी। यह चेतना आत्मनिर्भर थी, तीव्र रूप से सजग और स्वायत्त, और इसी में उसकी यातना, द्वंद्व, आत्म-मन्थन शामिल थे। बुर्ज़ुआ व्यक्ति की अपने प्रति इस उम्मीद और निराशा, विश्वास और सन्देह के अजीब मिश्रण से ही उस आत्मघाती द्विविधा का जन्म हुआ था, जो फ्लाबेअर से काफ़्का तक के उपन्यासों में चली आती है।

ताज्जुब की बात यह है कि हमने अपने कथ्यात्मक गद्य के लिए 'उपन्यास' जैसी विधा को चुना, जो नितान्त भिन्न सांस्कृतिक अनुभव-क्षेत्र में पनपी और विकसित हुई थी। यह कुछ ऐसा था कि हम एक ऐसे बने-बनाए मकान में रहने लगे जो दूसरों ने अपनी ज़रूरतों, संस्कारों, स्मृतियों—एक शब्द में कहें तो अपनी 'जलवायु' के अनुसार बनाया था। हम न केवल उसमें रहने लगे, बल्कि कभी उसमें अपने अनुकूल परिवर्तन करने की ज़रूरत भी महसूस न की। प्रेमचन्द से लेकर अधुनातन उपन्यासकार ने कभी 'उपन्यास' की विधा पर शंका प्रकट नहीं की, अपने अनुभव के सन्दर्भ में उसका पुन:परीक्षण तो दूर की बात थी। बरसों से हमने जिस विधा को 'सामाजिक यथार्थ' के विश्लेषण का सबसे महत्त्वपूर्ण औज़ार माना, कभी उस औज़ार की सक्षमता की जाँच-पड़ताल करने की ज़रूरत का सामना नहीं किया।

यहाँ प्रश्न यह नहीं है कि हिन्दी में कितने अच्छे 'उपन्यास' लिखे गए हैं। अमृतराय ने उनकी एक लम्बी फ़ेहरिस्त हाल में अपने एक लेख में दी है। इस फ़ेहरिस्त को और भी लम्बा किया जा सकता है। मूल प्रश्न यह है कि हम हिन्दी उपन्यासों का मूल्यांकन कौन-सी कसौटी पर करते हैं। जब तक हम इस कसौटी के लिए खरी कसौटी नहीं ढूँढ़ते—ख़ुद उपन्यास की विधा और अपने अनुभवों के बीच अन्तराल को नहीं परखते—तब तक 'अच्छे' उपन्यासों की गिनती करवाकर हम मन-ही-मन ख़ुश अवश्य हो लें, हम वहीं रहेंगे, जहाँ आज हैं।

इस कसौटी के प्रभाव में हम विश्वसनीय रूप से यह भी तय नहीं कर सकते कि जिस फ़ेहरिस्त में भगवती बाबू और अमृतलाल नागर हैं, उसमें गुलशन नन्दा को क्यों छोड़ा जाए! यही नहीं, हम आगे बढ़कर एक अजीब, मनमानी 'कसौटी' तैयार करते हैं, जिसे लेकर 'अन्तर्मुख' और 'वस्तुपरक' उपन्यासों के बीच भेद भी करते हैं—और 'वस्तुपरक' को यथार्थवादी उपन्यास मानते हैं—मानो ख़ुद व्यक्ति की अपेक्षा 'वस्तु' यथार्थ के अधिक नज़दीक हो!

यह कसौटी कहीं बाहर न होकर ख़ुद उपन्यास-विधा की संरचना के भीतर है। हम यह कहकर उपन्यास की आलोचना नहीं कर सकते कि वह 'ज़िन्दगी के कितने पास है' (कौन-सी ज़िन्दगी, कैसी ज़िन्दगी?), उसकी घटनाएँ कितनी 'विश्वसनीय' हैं ('विश्वसनीयता' कभी साहित्य की कसौटी नहीं रही, वरना शेक्सपियर सबसे अधिक असफल लेखक होते), या उपन्यास के पात्र कितने 'यथार्थपूर्ण' हैं ('यथार्थ' बिजली का कोई बल्ब नहीं जिसके पास जाकर कोई साहित्य-विधा चमक जाती हो और दूर जाकर धुँधला जाती हो)। "उपन्यास की अर्थवत्ता 'यथार्थ' में नहीं, उसे समेटने की प्रक्रिया, उसके संघटन की अन्दरूनी चालक-शक्ति में निहित है।" तभी किसी विधा के भीतर एक विशिष्ट 'फ़ॉर्म' का आविर्भाव होता है, जो 'समेटने' की हर लय, स्तर और स्पन्दन को अनुशासित करती है; ऐसे 'स्पेस' का उद्‌घाटन करती है, जहाँ अनुभव का औपन्यासिक जीवन शुरू होता है। हम अक्सर साहित्यिक विधा और फ़ॉर्म को आपस में उलझा देते हैं—एक रूढ़ प्रणाली है, दूसरी उसे तोड़कर अपनी धारा को खोजने की कोशिश—यदि इनमें हम भेद कर पाते तो यूरोप की संस्कृति-सापेक्ष विधा को अपनाते समय उसके 'फ़ॉर्म' को भी ज्यों-का-त्यों अपनाना ज़रूरी न समझते।

फ़ॉर्म की यह खोज कोई हवाई, एस्थेटिक खोज नहीं है। इसका सीधा सम्बन्ध सांस्कृतिक अनुभव की उस धारा से है, जिसमें हमारे संस्कार, स्मृतियाँ, समय, जीवन और मृत्यु का बोध शामिल हैं—यदि इन सब बिन्दु के प्रति हमारा रुख़, हमारी दृष्टि यूरोपीय मनुष्य से अलग रही है; यदि 'समय' के प्रति हमारा बोध उस ऐतिहासिक समय से बिलकुल अलग रहा है जिसे उन्नीसवीं शती के यूरोपीय उपन्यास ने अपना केन्द्र-बिन्दु माना था; यदि व्यक्ति के प्रति हमारा दृष्टिकोण उस यूरोपीय 'व्यक्ति' से बिलकुल भिन्न हो जो आत्मा सजग है, स्वायत्त है, स्वयं अपनी 'स्वतंत्रता में खंडित' (हेगेल) है—एक ऐसा व्यक्ति, जो अपनी 'प्राइवेसी' में ही अपनी स्वतंत्रता को हासिल करता हो—यदि हम भिन्नता के इन सब बिन्दुओं को नज़रअन्दाज़ नहीं करते, तो हम एक ऐसे 'फ़ॉर्म' को खोज सकते थे जो ऊपरी कथ्यात्मक विधा के तौर पर शायद 'उपन्यास' की तरह होती, किन्तु जिसकी मूल चालक-शक्ति पश्चिम की उपन्यास-विधा से बिलकुल भिन्न होती।

भिन्न इसलिए नहीं कि चूँकि 'भारतीय अनुभव' यूरोप के अनुभव से अलग है तो भारतीय उपन्यास भी यूरोपीय उपन्यास से अलग होगा। केवल अनुभव की भिन्नता से अलग-अलग साहित्य-विधाएँ उत्पन्न नहीं हो जातीं, अगर ऐसा होता तो फ्रेंच उपन्यास और अंग्रेज़ी उपन्यास महज़ अनुभवों के आधार पर बिलकुल अलग होते। यदि इन भिन्न अनुभवों के बावजूद उपन्यास के विशिष्ट यूरोपीय फ़ॉर्म का आविर्भाव हुआ तो इसलिए कि इन देशों की सांस्कृतिक समानता, धर्म और इतिहास के प्रति व्यक्ति का जुड़ाव, ख़ुद 'व्यक्ति' की आत्मकेन्द्रित इकाई बहुत कुछ एक सूत्र में बँधी है। इस सन्दर्भ में यह कहना अप्रासंगिक न होगा कि यूरोप की इस परम्परा में ही 'संस्कृति', 'समाज', 'डेमोक्रेसी'-जैसे शब्द कोई मानी रखते हैं—भारतीय सन्दर्भ में और तो और, 'संस्कृति'-जैसा शब्द भी अजनबी जान पड़ता है। यूरोप में संस्कृति का अहसास ही एक

आत्म-सजग, विकसित आत्म-चेतना से जुड़ा है—एक ऐसे समाज में ही 'संस्कृति' का बोध होता है, जहाँ मनुष्य का धार्मिक अनुभव उसके सेक्यूलर अनुभव से स्पष्ट रेखा द्वारा विभाजित हो। किन्तु 'भारतीय सन्दर्भ' में इस तरह का कोई विभाजन न था, धर्म की धारा में संस्कृति का उतना ही समावेश था, जितना अध्यात्म का। शेक्सपियर और वीथोवन अवश्य यूरोपीय संस्कृति की गौरवपूर्ण परम्परा में आते हैं, किन्तु आज भी हम किसी साधारण, यूरोपीय शिक्षा से अनभिज्ञ किन्तु अपने संस्कारों में संवेदनशील, हिन्दू से कहें कि तुलसीदास की 'रामायण' हमारी संस्कृति का अंश है, तो अवश्य उसे कुछ आश्चर्य और संकोच का अनुभव होगा। वह 'संस्कृति' को अलग से एक विशिष्ट भाववोध के अर्थ में अपनी समूची जीवन-मर्यादा से अलहदा नहीं देख सकता; जबकि यूरोप में इससे बिलकुल विपरीत 'संस्कृति' का आविर्भाव ही ऐसे समय में हुआ था, जब व्यक्ति ने 'अपनी शर्तों पर' जीवन-मर्यादा के प्रति शंका प्रकट की थी। उपन्यास की विधा स्वयं इस शंका की अभिव्यक्ति के रूप में यूरोप के सांस्कृतिक अनुभव का एक हिस्सा बनी थी।

किन्तु मुझे दुबारा बहस के उस बिन्दु पर लौटना चाहिए जहाँ से मैं भटक गया था। जातीय अनुभव की भिन्नता महत्त्वपूर्ण है, किन्तु हमें उसके महत्त्व को ज़रूरत से ज़्यादा बढ़ा-चढ़ाकर नहीं देखना चाहिए—ख़ास कर जब बहस साहित्यिक विधाओं को लेकर हो। हम जिस युग में रहते हैं, उसमें वैसे भी देर-सबेर एक देश और दूसरे देश के लोगों के बीच अनुभवों का अन्तर सिकुड़ता जाएगा। "साहित्य में प्रश्न अनुभव के विषय (कॉन्टेंट) का नहीं है, बल्कि उस रूप और रास्ते का है, जिसके द्वारा वह अनुभव एक विशिष्ट सांस्कृतिक चेतना में परिलक्षित होता है।"

दूसरे शब्दों में अनुभव का 'कॉन्टेंट' चाहे जैसा हो, महत्त्व इस चीज़ का है कि वह चेतना के किस धरातल और रूप में एक व्यक्ति से जुड़ता है। उदाहरण के तौर पर मनुष्य का अतीत एक सार्वभौमिक

अनुभव है—पश्चिम में वैसा ही, जैसा भारत में; किन्तु व्यक्ति और अतीत के बीच एक विशिष्ट जुड़ाव, एक सांस्कारिक सम्बन्ध जिससे 'स्मृति' का जन्म होता है—यह इतिहास का विषय नहीं, संस्कृति का प्रश्न है। आश्चर्य नहीं, एक भारतीय उपन्यासकार इस प्रश्न के दबाव को बहुत तीव्रता से महसूस करे—एक कवि से कहीं अधिक, क्योंकि उपन्यास की कथ्यात्मक गति सीधी समय और कृति के साथ जुड़ी है। आश्चर्य यही है कि उपन्यास ही वह क्षेत्र है, जहाँ हमने इस दबाव की सबसे अधिक अवहेलना की है। भारत में अनेक उपन्यास लिखे गए हैं; हर साल लिखे जाते हैं—मनोवैज्ञानिक उपन्यास, यथार्थवादी उपन्यास, आंचलिक उपन्यास—लेकिन स्वयं 'उपन्यास' की समस्या पर विचार, उसके जातीय फ़ॉर्म का अन्वेषण, हमने नहीं के बराबर किया है।

इस स्तर पर उपन्यास की समस्या हमारी समूची संस्कृति के विश्लेषण से जुड़ी है। यहाँ हमें मनुष्य और मनुष्य के बीच सम्बन्धों के अदृश्य, संश्लिष्ट, परम्परा और स्मृति में उलझे असंख्य सूत्रों को टटोलना होगा, जो पश्चिम के बुर्ज़ुआ, द्वंद्वात्मक, ऐतिहासिक सम्बन्धों से बहुत अलग हैं। उपन्यास समय के भीतर बहता है; किन्तु घटनाओं में बहता समय—जो पात्रों को एक स्तर से दूसरे स्तर पर विकसित और परिवर्तित करता है—क्या हमारा 'समय' है? क्या यह ज़रूरी है कि पहले पन्ने पर जो व्यक्ति दिखाई दे, उसकी नियति, बीच की घटनाओं के घात-प्रतिघात द्वारा, अन्तिम पृष्ठ पर उद्घाटित हो? क्या ऐसा नहीं है कि मनुष्य की नियति कहीं दूर समय-बिन्दु पर न होकर उसके भीतर अन्तर्निहित है—'एपिक' के पात्रों की तरह; और बीच की घटनाएँ उस नियति को महज़ धीरे-धीरे आलोकित करती जाती हैं? हर पात्र समय के दौरान उस नियति पर पहुँचता नहीं, बल्कि बार-बार एक वृत्त में घूमता हुआ उसी के पास लौटता है, जहाँ से शुरू होता है?

ये सब प्रश्न एक दूसरा रास्ता दिखाते हैं, जो यूरोप की उन्नीसवीं शती तक की उपन्यास-विधा से बिलकुल भिन्न है। प्रूस्त और जॉयस ने पश्चिमी उपन्यास की शिल्प-विधा को अन्धी गली मानकर छोड़ दिया था। वे एक ऐसी आत्म-सजग ऐतिहासिक चेतना की चरम सीमा पर पहुँचकर अपनी स्मृति के शाश्वत समय की तरफ़ मुड़े थे—उन्नीसवीं शती के बुर्जुआ, ऐतिहासिक क्रम को छोड़कर उन्होंने उपन्यास की विधा को तोड़ा था। कितना बड़ा व्यंग्य है कि जिस विधा को छोड़कर वे अतीत और स्मृति की तरफ़ आए थे, हम ख़ुद आज उस ज़मीन को छोड़कर बरसों से एक ऐसी विधा से चिपके हैं, जो शुरू से ही हमारे सांस्कृतिक अनुभव, हमारी स्मृति और संस्कार, समय और विकास के प्रति हमारी विशिष्ट मर्यादा के प्रतिकूल और अयोग्य रही है।

हम अक्सर 'गोदान' के बारे में कहते हैं कि "वह एक उत्कृष्ट उपन्यास है, लेकिन..."—बरसों से हम इस 'लेकिन' के आगे अपने धुँधले असन्तोष के कारण ढूँढ़ते आए हैं। यहाँ तक कि 'गोदान' के अंग्रेज़ी संस्करण तैयार करते समय हम अनेक ऐसे प्रसंग, पात्र, घटनाएँ छोड़ देना उचित समझते हैं, जो उपन्यास की 'मूल कथा' को कमज़ोर बनाते हैं, उसके नैसर्गिक प्रवाह को अवरुद्ध करते हैं। किन्तु इस तरह की काट-छाँट से उपन्यास की मूल कमज़ोरी दूर नहीं हो जाती; क्योंकि वह कमज़ोरी अनावश्यक घटनाओं या पात्रों में न होकर स्वयं 'गोदान' की समूची औपन्यासिक संरचना के केन्द्र में विराजमान है। यह कमज़ोरी उस फ़ॉर्म में निहित है, जो प्रेमचन्द ने होरी-जैसे जीवन्त, अपनी सुख-पीड़ा में सतत प्रवहमान-जैसे पात्र पर आरोपित की है। एक तरफ़ प्रेमचन्द की गहन अन्तर्दृष्टि है जो 'गोदान' पात्रों ने उन्हें दी है; दूसरी तरफ़ 'एक ऐसी बनी-बनाई विधा' को अपनाने की मोहजनक सुविधा है, जिसका इन पात्रों के संस्कारों, व्यक्तित्व, जातीय अनुभवों—उनकी जीवनधारा से कोई सम्बन्ध नहीं।

यह एक सृजनात्मक चुनौती थी जब प्रेमचन्द रूसी उपन्यासकारों की तरह उन्नीसवीं शती के 'परम्परागत' औपन्यासिक ढाँचे को छोड़कर या उसे परिवर्तित करके एक ऐसी कथ्यात्मक, नैरेटिव विधा का अन्वेषण करते, जो होरी की नियति और मर्यादा, उसकी हताशा और नैतिकता के अनुकूल अपना निजी 'कलात्मक स्पेस' निर्धारित कर सकती। यह इसलिए भी ज़रूरी था, क्योंकि घटनाओं के प्रति होरी का सम्बन्ध वैसा द्वंद्वात्मक, समय-अनुशासित नहीं है, जैसा पश्चिम के उपन्यास-पात्रों का साधारणतः होता है। जब हम पहली बार उपन्यास में होरी को देखते हैं, तो हमें एक झलक में उसकी अन्तिम नियति का आभास मिल जाता है—एक एपिक-पात्र की तरह उसकी नियति एक वाक्य, एक संकेत, एक उड़ती हुई प्रतिक्रिया में अन्तर्निहित है। कितना भिन्न है होरी का चरित्र पश्चिम के क्लासिक उपन्यास-पात्रों से, जो एक घटना से दूसरी घटना की तरफ़ बढ़ते हुए अपने को उद्घाटित करते हैं—एक आयाम को छोड़कर नितान्त नया, गुणात्मक रूप से भिन्न आयाम ग्रहण करते हैं। इसका यह मतलब नहीं कि समूचे उपन्यास में होरी बदलता नहीं, या अलग-अलग मौक़ों पर उसकी प्रतिक्रियाएँ नहीं बदलतीं; किन्तु यह बदलाव, ये अलग-अलग प्रतिक्रियाएँ वास्तव में एक स्थिर चरित्र की विभिन्न अभिव्यक्तियाँ हैं—वह चरित्र नहीं बदलता, उसके 'चित्र' बदलते हुए भी एक आयामी धुरी पर क़ायम रहते हैं, एक ऐसे वृक्ष की तरह, जो हवा के थपेड़ों से कभी झुकता है, कभी सिर उठाता है, लेकिन अपनी ज़मीन नहीं छोड़ता। वह पात्र, जिसका जीवन किसी पश्चिमी उपन्यास में नहीं मिलता, क्या उसी पश्चिमी उपन्यास की विधा उसके जीवन के लिए अनुकूल थी? क्या यही कारण नहीं है कि बरसों से हम 'गोदान' को एक मिश्रित प्रतिक्रिया में प्रस्तुत और महसूस करते आए हैं—गर्व और संकोच के मिले-जुले भाव में—एक उत्कृष्ट उपन्यास—लेकिन...।

इस 'लेकिन' के आगे हम पुनः उस बिन्दु पर लौट आते हैं जहाँ से हर विधा का सृजनात्मक पूर्ण परीक्षण होता है। यह एक जोखिमपूर्ण एडवेंचर है, क्योंकि एक ऐसा क्षण आता है, जब अनुभव और विधा के बीच अन्तर्विरोध किसी सुविधाजनक समझौते से नहीं सुलझाया जा सकता। उपन्यास के क्षेत्र में यह जोखिम और भी बढ़ जाता है; क्योंकि वह इतिहास और कविता के बीच एक ऐसे स्थल की खोज है, जहाँ तर्कशील, आत्मसजग चेतना, विचारों और विश्वासों द्वारा नहीं, बल्कि स्मृति और सांस्कृतिक अनुभवों में साँस लेती है। कविता की तरह वह भाषा और बिम्बों में उतनी ही डूबी है, जितनी डूबने के बाद बाहर समय में अपने अनुभवों को परिभाषित करने को आतुर।

एक आधुनिक भारतीय लेखक के लिए यह जोखिम और भी अधिक विकट है। उपन्यास जैसी विधा के लिए उसे एक पश्चिमी लेखक की ही तरह आत्मसजग और तर्कशील होना होगा, किन्तु इस विधा की सीमाओं पर उसे एक निर्वैयक्तिक, ग़ैर-ऐतिहासिक, 'मिथक सम्पन्न अँधेरी' स्मृतियों को उजागर करना होगा; उन्हें उजागर करने के लिए ख़ुद इस 'अँधेरे' में डूबना होगा। यह समूचा कार्यकलाप, यह एडवेंचर किसी आलोचनात्मक, बौद्धिक योजना द्वारा नहीं, शुद्ध कल्पनाशील अनुभवों के बीच होगा। फ़ॉर्म का निर्माण नहीं, सृजन होता है। इसी 'कल्पनाशीलता' के आधार पर टॉल्स्टॉय 'रूसी समाज का दर्पण' बने थे—अपने ऐतिहासिक, बौद्धिक ज्ञान के कारण नहीं।

इतिहास और मिथक, समय और स्मृति—इन दो उजले-अँधेरे छोरों के बीच भारतीय उपन्यास जिस ज़मीन को समेटेगा, उसके लिए जिस 'फ़ॉर्म' को ढूँढ़ना होगा, वहाँ उस ज़मीन पर भारतीय लेखक न शुद्ध रूप से दर्शक रहेगा—एक विदेशी उपन्यासकार की तरह—न पूर्ण रूप से भोक्ता, एक औसत भारतीय की तरह। वह न तो इस अर्थ में एक अलगावग्रस्त (alienated) बुर्ज़ुआ लेखक बन पाया है जो अपने अलग

आत्मसजग वैयक्तित्व के बाहर अपने अतीत, स्मृतियों और संस्कारों से अलग रह सके, न इन संस्कारों और स्मृतियों से इतना अविच्छिन्न रूप से जुड़ा है कि बाहर के अलगाव अपने दो सौ वर्षों के यूरोपीय अनुभव से अर्जित आत्म-चेतना की उपेक्षा कर सके। वह बाहर भी है, भीतर भी, वैयक्तिक है तो निर्वैयक्तिक भी, समय से आक्रान्त है तो इतिहास का अतिक्रमण करने का मिथक-बोध भी उसमें है। इन दोनों पाटों के बीच अन्तर्द्वंद्व और इतिहास की इस जातीय विडम्बना का दबाव हम जितनी तीव्रता से महसूस कर पाएँगे, उतना ही हमारा यह एडवेंचर प्रामाणिक, और अर्थपूर्ण हो सकेगा।

लेखक और समाज-व्यवस्था

एक देश की सामाजिक व्यवस्था उसके शासनतंत्र से कहीं अधिक व्यापक होती है। मैं यहाँ इतना और जोड़ना चाहूँगा कि वह काल की दृष्टि से अधिक स्थायी होती है—और उसके कुछ ऐसे तत्त्व होते हैं, जिन्हें इतिहास की धारा बहुत कम छू पाती है। ये तत्त्व एक जाति की 'फ़ॉर्म', उसकी लय को निर्धारित करते हैं—एक चित्र के बिम्बों की तरह—जिन्हें बदलने का जोखिम केवल उसे नष्ट करके ही उठाया जा सकता है। वे सीधे हमारे विश्वासों, संस्कारों और दीन-ईमान से जुड़े हैं, जिन्हें चाहे एक साधारण भारतवासी शब्दों में व्यक्त न कर सके, किन्तु जो उसके लिए क़ानून और संविधान की अपेक्षा अधिक महत्त्वपूर्ण हैं। मैं समझता हूँ, हर सामाजिक क्रान्ति इन बिम्बों को हमारे जीवन में रूपायित करने की कोशिश है...और चूँकि इसमें वह कभी पूर्ण रूप से सफल नहीं हो पाती, यह कोशिश बराबर जारी रहती है। क्रान्ति का दौर कभी ख़त्म नहीं हो पाता। संघर्ष के दौर में ये तत्त्व, ये बिम्ब,

उस आधारभूत कसौटी का काम देते हैं, जिसके सहारे हम अपने शासनतंत्र, अपनी आर्थिक व्यवस्था का नैतिक मूल्यांकन कर सकें। अपने में वे न प्रगतिशील हैं, न प्रगतिगामी—सिर्फ़ जीने की निरन्तर धारा को क़ायम रखने की अनिवार्य शर्त हैं।

कोई भी शासनतंत्र—चाहे वह पूँजीवादी हो या समाजवादी—जो इस धारा को रोकता है, उसे विकृत करता है, एक लेखक के नाते मैं अपने को उस शासनतंत्र के बाहर पाता हूँ, एक नागरिक की हैसियत से उसका विरोध करता हूँ। किन्तु मेरा बाहर रहना, मेरा विरोध उस समय तक कोई अर्थ नहीं रखता, जब तक मैं अपने जीवन के अनिवार्य बिम्बों को—आत्मा के उस चौखटे को, जो जन्म से लेकर मृत्यु तक मेरी जीवनधारा को रेखांकित करता है—अपने से लेकर दूसरों तक परिभाषित नहीं करता। यह वह बिन्दु है, जहाँ लेखक का संघर्ष मनुष्य की आकांक्षाओं और नागरिक के दायित्व से जुड़ जाता है। कोई भी राजतंत्र—चाहे वह कितना ही क्रान्तिकारी, मानव-कल्याण के आदर्शों से ओत-प्रोत क्यों न हो—जब मेरे संस्कारगत बिम्बों, मेरे जीने की शर्तों को स्वयं परिभाषित करने लगता है, मैं जो हूँ, उसकी अवहेलना करके, मुझे क्या होना चाहिए, इसे आँकने की ज़िम्मेदारी अपने पर ओढ़ता है, तो वहीं से मेरे विरोध की सार्थकता शुरू होती है, वहीं से ख़ुद अपने को पुनः परिभाषित करने का दायित्व शुरू होता है।

अत: प्रश्न सिर्फ़ यह नहीं है कि लेखक को राज्यतंत्र के भीतर रहना चाहिए या बाहर? ज़रूरी नहीं कि जो भीतर है, उसने आत्मा बेच दी है या जो बाहर है, वह आत्मा का संरक्षक है। प्रश्न यह भी है कि राज्य-तंत्र ख़ुद हमसे कितना बाहर है? पिछले वर्षों में किस हद तक हमारी आवश्यकताओं और आकांक्षाओं से दूर और परे हटता गया है।

हम आज जिस शासन-व्यवस्था में रह रहे हैं, वह मुश्किल से डेढ़-दो सौ वर्ष पुरानी है। अंग्रेज़ों ने अपनी ज़रूरतों के मुताबिक उसका ढाँचा तैयार किया था। हम एक तरफ़ उससे अनुशासित होते थे, आतंकित होते थे, लेकिन दूसरी तरफ़ हमारे जीवन का एक बड़ा सूखा प्रान्तर था—हमारे धार्मिक विश्वास और अन्ध-विश्वास, हमारे दैनिक जीवन की मान-मर्यादाएँ, हमारी ख़ामोश संस्कृति के खिड़की-चौखटे, जो उस अनुशासन के बिलकुल बाहर थे। इतिहास की धारा के बीच 'नो मैंस लैंड' की तरह, जिसे न अंग्रेज़ शासक छू पाते थे, और न राजा राममोहन राय की पीढ़ी के भद्र शिक्षित हिन्दुस्तानी, जो विक्टोरियन युग के आदर्शों को भारतीय संस्कृति का अन्तिम लक्ष्य मान बैठे थे। इस तरह हमारा जीवन दो निर्जीव कठघरों में विभाजित था : एक का सम्बन्ध ऐसे शासनतंत्र से था, जो अपने ढाँचे में स्वतंत्र, अपनी आवश्यकताओं में आत्मकेन्द्रित था—जनजीवन से अलग और ऊपर; दूसरे सीमान्त पर हमारे विश्वासों और संस्कारों का 'मिथक' था, जो हमारे जीवन के 'दूसरे हिस्से' को उसी तरह अनुशासित, आतंकित करता था, जिस तरह अंग्रेज़ों का राज्यतंत्र हमारे बाहरी, व्यावहारिक अंशों को।

पिछले दो सौ वर्षों से हम इन दो सीमान्तों के बीच जी रहे हैं। दोनों के बीच एक गूँगे क़िस्म का तनाव रहा है—जैसे एक पिंजरे में दो जानवरों को बन्द कर दिया गया हो—उनके बीच न खुली लड़ाई की गुंजाइश थी, न खुले वार्तालाप की। हमारे राष्ट्रीय आन्दोलन में बहुत कम ऐसे लोग थे, जो शासन-सत्ता, और जनजीवन के बीच फैले इस 'सन्नाटे' को समझते थे—और यद्यपि उस ज़माने में अनेक दल और व्यक्ति अंग्रेज़ी राज्यतंत्र के बाहर थे, उसका विरोध करते थे। शायद सिर्फ़ गांधी ही ऐसे थे, जो इस बात को महसूस करते थे कि महज़ बाहर रहना, महज़ विरोध करना ही काफ़ी नहीं है, जब तक हम इस तनाव,

इस सन्नाटे को न तोड़ सकें; वे यह भी जानते थे कि अंग्रेज़ों ने जिस शासनतंत्र का निर्माण किया है, वह उसे तोड़ने के रास्ते में सबसे बड़ी बाधा है। सिर्फ़ इसलिए नहीं कि उस पर विदेशियों का नियंत्रण है, बल्कि इसलिए कि जिन लालच-लिप्सानों, जिन अनुशासन-नियमों, जिन आदर्शों पर यह शासनतंत्र आधारित हैं, उनका हमारी जीवनधारा से कोई सम्बन्ध नहीं।

अंग्रेज़ नहीं रहे, गांधी नहीं रहे, "किन्तु वह शासनतंत्र और उसके आर-पार फैला हुआ सन्नाटा आज भी ज्यों-का-त्यों क़ायम है।

एक भारतीय लेखक के लिए राजनीति का अर्थ इस सन्नाटे को भेदकर उसे शब्द देना है। कोई भी शब्द नहीं—ऐसा शब्द नहीं, जो झूठे समन्वय को जन्म देता हो, जिसे हमारे प्रगतिशील बुद्धिजीवी हर रोज़ अकादमियों, विश्वविद्यालयों और शिक्षा मंत्रालय द्वारा आयोजित सेमिनारों द्वारा प्रसारित करते हैं। उनके शब्द इस सन्नाटे को और गहरा करते हैं—उसे तोड़ते नहीं। वे लोग ग़ैर-ईमानदार नहीं हैं। वे वास्तव में उन्नीसवीं शती के नवोत्थानवादी बुद्धिजीवियों के उत्तराधिकारी हैं, जिन्होंने अंग्रेज़ी शासनतंत्र और भारतीय समाज के बीच 'समन्वय' का स्वप्न देखा था। उस ज़माने में 'लिबरल डेमोक्रेसी' का शब्द वही जादू, वही चमत्कार उत्पन्न करता था, जिस तरह आज के आधुनिक भारतीय बुद्धिजीवी की ज़बान पर समाजवाद का शब्द। मुझे दोनों ही शब्दों से प्रेम है। मैंने दोनों को ही दम तोड़ते देखा है। एक पहले को स्वयं अपने देश में, दूसरे को पराये देश में। इससे 'शब्द' के प्रति मेरी आस्था कम नहीं हुई है...किन्तु उन राज्यतंत्रों के प्रति अवश्य सन्देह उत्पन्न हुआ है, जो उसे धुँधलाते हैं, उसे सन्नाटे का हिस्सा बनाते हैं, जिसे तोड़ना हर लेखक की विवशता और गौरव रहा है।

कहना न होगा, हमारे राज्यतंत्र और उससे सम्बद्ध बुद्धिजीवियों ने पिछले वर्षों में एक ऐसी अभिजात संस्कृति को जन्म दिया है, जो चाहे ऊपर से कितनी मानववादी, लोकतांत्रिक दीखती हो, अपने आचरण और स्वभाव में उसका हमारी जीवनधारा, हमारी व्यापक सांस्कृतिक भूख और आकांक्षाओं से दूर का भी सम्बन्ध नहीं, उसे तृप्त कर पाना तो अलग बात रही, विडम्बना यह है कि इस भूख को व्यक्त करने के लिए कोई शब्द नहीं, क्योंकि शब्दों के समूचे साधनों पर ऐसे बुद्धिजीवी वर्ग का एकाधिकार है, 'जिसे इस भूख का कोई ज्ञान नहीं।' लेवीस्ट्रॉस ने पश्चिमी संस्कृति के प्रतिनिधियों—उनके बुद्धिजीवियों के प्रति जो आशंका प्रकट की थी, वह धीरे-धीरे कितने भयानक ढंग से स्वयं हमारे राज्यतंत्र से जुड़े बुद्धिजीवियों पर लागू होती है, उसे इन शब्दों में देखा जा सकता है :

> ये बुद्धिजीवी (जिनमें कलाकार, कवि और लेखक शामिल हैं) उत्तरोत्तर शेष समुदाय से कटते जा रहे हैं। वे संस्कृति का स्रवण करते हैं, किन्तु जन-समुदाय यह महसूस नहीं करता कि बुद्धिजीवियों का यह अल्पसंख्यक वर्ग उसकी संस्कृति का विकास कर रहा है। मुझे लगता है कि जन-समुदाय ने इस अल्पसंख्यक वर्ग को अस्वीकृत कर दिया है। बुद्धिजीवियों और जन-समुदाय के बीच यह अलगाव मुझे सामाजिक वर्गों के बीच आर्थिक अलगाव से कहीं अधिक महत्त्वपूर्ण और लाइलाज प्रतीत होता है। ('लेवीस्ट्रॉस से बातचीत', शार बोनियर)

हममें से अधिकांश लेखक—जो अपने को बुद्धिजीवी के गौरव से भी जोड़ना पसन्द करते हैं—अलगाव में जीते हैं, उसके शिकार हैं। यहाँ यह अप्रासंगिक है कि वे व्यवस्था के भीतर हैं या बाहर। चूँकि दोनों ही स्थितियों में वे न्यूनाधिक मात्रा में उस संस्कृति से आक्रान्त हैं, जो हमारे मूल्यों, हमारे सोचने-समझने के चौखटों को तैयार करती है—

हमें इन चौखटों में जीने के लिए आमंत्रित करती है। हम इस निमंत्रण को ठुकरा सकते हैं, किन्तु मुझे सन्देह है कि कोई भी लेखक केवल अपनी कलम से इन चौखटों को बदल सकता है। टॉमस मान और ब्रेख़्त-जैसे लेखकों को भी उनसे बचकर दूसरे देशों में शरण लेनी पड़ी। किन्तु कोई भी कहानी, कोई भी कविता, जो इन चौखटों के बाहर लिखी जाती है—उसका स्वर चाहे कितना धीमा क्यों न हो, उस शासन-व्यवस्था के लिए चुनौती है, जिसने संस्कृति के नाम पर हमारे बीच सूनेपन और सन्नाटे की रचना की है। हमारी शासन-व्यवस्था फ़ासिस्ट नहीं है, न ही उसने अन्य अर्द्ध-औपनिवेशिक देशों की तरह हमारे सार्वजनिक जीवन पर किसी प्रकार की सैनिक तानाशाही आरोपित की है। यह एक मुख्य कारण है कि हमारे बहुत-से बुद्धिजीवी न केवल बिना किसी अपराध-भावना के, बल्कि काफ़ी अभिमान से शासन-सत्ता के भीतर जाते हैं—उसे सामाजिक परिवर्तन का साधन मानते हैं। आश्चर्य नहीं, अनेक वामपंथी बुद्धिजीवी, जो सेमिनारों और सांस्कृतिक सम्मेलनों में सामाजिक क्रान्ति और सांस्कृतिक परिवर्तनों की चर्चा करते हैं, वही आज अपने को शासनतंत्र के सबसे अधिक निकट पाते हैं। ऊपर से यह विरोधाभास जान पड़ता है किन्तु इसका अपना ऐतिहासिक तत्त्व है। एक अर्द्ध-विकसित देश में जिस तरह उद्योगों का निर्माण शासन की देखरेख में होता है—इंजीनियरों और वैज्ञानिकों के सहयोग से—उसी तरह यह भ्रम होना भी स्वाभाविक है कि एक अर्द्ध-शिक्षित, 'गँवारू' देश में संस्कृति का निर्माण भी सरकारी संरक्षण में किया जा सकता है—अंग्रेज़ी—शिक्षित उच्चवर्गीय 'बुद्धिजीवियों' की सहायता से। उनकी 'प्रगतिशील' योजनाओं से चाहे हमारी सांस्कृतिक दरिद्रता एक इंच भी कम न हो मगर एक नक़ली, खोखली 'हॉट हाउस' में 'एलीट' संस्कृति का आविर्भाव अवश्य होता है, जो अनैतिक और भ्रष्ट मूल्यों पर आधारित है—जो रोग का निदान नहीं, रोग का लक्षण है।

मुझे समझ में नहीं आता कि कोई भी भारतीय लेखक—न केवल अपने रचना-कर्म में बल्कि अपने सामाजिक दायित्व में—किस तरह इस छद्म संस्कृति का अंग बन सकता है। लेवीस्ट्रॉस की चेतावनी क्या हम पर भी देर-सबेर लागू नहीं होगी, जब जनसमुदाय अपने सांस्कृतिक मूल्यों, अपनी जीवनधारा को अक्षुण्ण, क़ायम रखने के लिए ख़ुद अपने देश के गर्वीले, मदमाते सांस्कृतिक प्रतिनिधियों को स्वीकृत कर देगा?

अतीत : एक आत्म-मन्थन

हम प्रायः अतीत के फ़ैसलों को अपने समय में निपटाते हैं। हमारा वर्तमान—एक ज़माने में—हमारे पूर्वजों का भविष्य रहा होगा। उन्होंने अपने भविष्य के बारे में जो स्वप्न देखे थे, हम आज उन स्वप्नों के भोक्ता हैं, शिकार हैं, उन्हें स्वीकार करते हैं, या उनसे जूझते हैं। इसलिए कोई भी जाति संकट की घड़ी में अपने अतीत, अपनी जड़ों को टटोलती है। संकट की घड़ी आत्म-मन्थन की घड़ी है। और सही आत्म-मन्थन हमेशा अतीत में लिये गए फ़ैसलों के आसपास होता है, क्योंकि ठीक उन फ़ैसलों के बीच हमारी नियति की धड़कन व्याप्त रहती है।

हम आज संकट के जिस भयावह दौर से गुज़र रहे हैं, वहाँ भावी समाज के समस्त आदर्श थोथे और अर्थहीन होंगे—यदि हम अपने अतीत और वर्तमान को नंगी आँखों से देखने का साहस नहीं बटोर पाते।

लेकिन 'देखना' कभी सपाट और बेलौस नहीं होता, देखने की प्रक्रिया में चुनने और आँकने का विवेक जुड़ा रहता है। जिस तरह एक

व्यक्ति अपनी स्मृति में दुनिया को परखता है, उसी तरह एक जाति अपनी परम्परा की आँखों से यथार्थ को छानती है। परम्परा से मेरा मतलब उतना विश्वासों और अन्धविश्वासों से नहीं है, जितना उस अदृश्य लय से है, जो एक जाति के बहाव, उसकी धारा, उसकी गति को निर्धारित करती है। जिस तरह बहती हुई धारा अपने भीतर एक तरफ़ आदि-स्रोत की मौलिक पवित्रता और दूसरी तरफ़ अपने लक्ष्य की अन्तिम परिणति—दोनों को समाहित करती है, ठीक उसी तरह एक जातीय परम्परा अतीत और भविष्य, दोनों को अपनी जीवन्त धड़कन में पिरोती है।

"संकट की घड़ी में अपनी परम्परा का मूल्यांकन करना एक तरह से ख़ुद अपना मूल्यांकन करना है, अपनी अस्मिता की जड़ों को खोजता है। हम कौन हैं—यह एक दार्शनिक प्रश्न न रहकर ख़ुद अपनी नियति से मुठभेड़ करने का तात्कालिक प्रश्न बन जाता है।"

वह चीज़, जिसे हम परम्परा कहते हैं, कोई और चीज़ न होकर सिर्फ़ अपने भीतर इस धारा की निरन्तरता का बोध है—अपनी स्थिरता में वह मेरे भीतर आकर बहती है, मेरे भीतर आकर वह पुन: एक नया अनुभव ग्रहण करती है। वह अपनी तात्कालिकता में शाश्वत है, इसलिए इतिहास से संत्रस्त न होकर स्वयं हर ऐतिहासिक घटना का मूल्यांकन करने का साहस और सामर्थ्य रखती है। हम उसकी सम्पूर्णता में सम्पूर्ण हैं—उसे छोड़कर, उसके बाहर, हम कुछ भी नहीं।

इसलिए हमें इस भ्रम से छुटकारा पाना होगा कि परम्परा कोई 'अतीत की चीज़' है, जिसे हम जैसे-तैसे वर्तमान में ढोकर लाते हैं। वह हमारे भीतर है, इसलिए 'अतीत' का प्रश्न नहीं उठता। हम उसे सोच-समझकर चुनते नहीं, नैसर्गिक रूप से उसका अंग हैं—इसलिए ढोने के साथ जिस विवशता का बोध होता है, वह विवशता हमारी नहीं हो सकती। क्या एक देह अपने अंगों को ढोकर चलती है, या ख़ुद अंग देह को ढोते हैं? यह ग़लतफ़हमी तभी उत्पन्न होती है, जब हम पश्चिम

की देखा-देखी में व्यक्ति और परम्परा के बीच भेद देखते हैं, अंगों की इकाई को देह की समग्रता से अलग करते हैं।

अतः हमें भारतीय सन्दर्भ में संस्कृति के प्रश्न पर बुनियादी तौर से पुनर्विचार करना पड़ेगा। हम संस्कृति को उन बिम्बों, प्रतीकों और मिथकों से अलग करके नहीं देख सकते, जो हमारे जीवन के साथ अन्तरंग रूप से जुड़े हैं। इनके माध्यम से न केवल हम अपने को पहचानते हैं, बल्कि ये वह आईना हैं, जिनके द्वारा हम बाहर की दुनिया को परखते हैं। ये बिम्ब और मिथक एक अदृश्य कसौटी हैं, जिनसे हम धर्म और अधर्म, नैतिकता और अनैतिकता के बीच भेद करते हैं। संस्कृति मनुष्य की आत्मचेतना का प्रदर्शन नहीं, उस सामूहिक मनीषा की उत्पत्ति है, जो व्यक्ति को एक स्तर पर दूसरे व्यक्ति से और दूसरे स्तर पर विश्व से जोड़ती है।

संस्कृति का यह भारतीय स्वरूप पश्चिम की सांस्कृतिक धारा से नितान्त भिन्न है। यूरोपीय संस्कृति का आविर्भाव ही व्यक्ति की विकसित आत्मचेतना द्वारा सम्भव हो पाया है। इस आधार पर अकेले व्यक्ति ने यथार्थ का एक निजी, स्वायत्त दर्शन सृजित किया है—एक ऐसा दर्शन, जिसकी जड़ें, उसके व्यक्तिगत अनुभव में निहित हैं। दूसरे शब्दों में पश्चिमी संस्कृति का प्रादुर्भाव एक ऐसी खंडित चेतना में हुआ है, जहाँ मनुष्य अपने को प्रकृति, विश्व और दूसरे मनुष्य से बिलकुल अलग पाता है और उसे अनुभव होता है कि इस अलगाव और विभाजन को महज़ धार्मिक आस्था या परम्परा द्वारा नहीं पाटा जा सकता। मध्य युग के बाद यूरोपीय व्यक्ति को पहली बार यह महसूस हुआ कि धर्म और परम्परा उसे सहारा और सान्त्वना तो दे सकते हैं, किन्तु उसके अन्दरूनी मर्म की गहरी परतों में नहीं पैठ सकते, जहाँ वह सम्पूर्ण रूप से स्वतंत्र है और अपनी स्वतंत्रता में सम्पूर्ण रूप से अकेला है।

अतः यूरोप में वैयक्तिक चेतना और धार्मिक विश्वासों के बीच एक चौड़ी खाई खुलती गई, अपनी चेतना में मनुष्य अकेला और निस्सहाय पड़ता गया; जबकि दूसरी तरफ़ धर्म जीवन-धारा से कटकर केवल चर्च की एकाधिकार 'सम्पत्ति' बनकर रह गया, जिसके सामने व्यक्ति घुटने टेककर अपनी पीड़ा से छुटकारा तो पा सकता था, किन्तु इस धरती पर सम्पूर्ण जीवन की उपलब्धि नहीं।

यूरोपीय संस्कृति का विकास एक तरह से मनुष्य की आत्मा में खिंची इस खाई को पाटने का गौरवपूर्ण प्रयास रहा है। एक ऐसा प्रयास, जिसके ज़रिये वह अपने अलगाव और अकेलेपन का अतिक्रमण कर सके। इस दृष्टि से समूची यूरोपीय संस्कृति ग़ैर-धार्मिक या सेक्यूलर है; क्योंकि मनुष्य समस्त मूल्यों और मान्यताओं का अन्तिम स्रोत ख़ुद अपनी चेतना में ढूँढ़ता है। धीरे-धीरे यूरोपीय मनुष्य ने अपने को विश्व का केन्द्र-बिन्दु, समस्त चीज़ों का मापदंड मान लिया। इस दृष्टि से ईसाई कला भी धार्मिक बिम्बों के बावजूद अपनी मूल प्रेरणा में सेक्यूलर है; क्योंकि एक कलाकार ईसाई धर्म के संस्कारगत प्रतीकों में भी अपने व्यक्तिगत अनुभव ही ढालने की कोशिश करता था (देखिए : रेनासाँ कलाकृतियों में मैडोना और शिशु के प्रतीक), और यह अनुभव प्राय: चर्च द्वारा दिये गए परम्परागत अर्थों से बिलकुल भिन्न होता था। वास्तव में यूरोपीय रेनासाँ के उदयकाल में मनुष्य के सेक्यूलर और धार्मिक अनुभवों के बीच एक स्पष्ट विभाजन-रेखा खींच दी गई। यूरोपीय संस्कृति एक तरफ़ इस विभाजन का प्रतिबिम्ब थी, दूसरी तरफ़ इसका अतिक्रमण करने की प्रक्रिया भी। बल्कि यूँ कहें, अतिक्रमण करने की प्रक्रिया में ही आधुनिक यूरोपीय संस्कृति का विकास हुआ था।

इसके विपरीत भारतीय चेतना में इस तरह का कोई विभाजन न था, यह तथ्य उल्लेखनीय है; क्योंकि इसी में भारतीय संस्कृति का विशिष्ट पहलू छिपा है। यहाँ किसी भी समय मनुष्य की धार्मिक अन्तर्दृष्टि और

सांसारिक (सेक्यूलर) अनुभवों के बीच विभाजन-रेखा नहीं खींची गई। मनुष्य अपने सांसारिक कार्य-कलापों का अर्थ धार्मिक प्रतीकों द्वारा उद्घाटित करता था, दूसरी ओर उसके धार्मिक अनुष्ठान उसके दैनिक जीवन के आचार-व्यवहार से जुड़े थे। दूसरे शब्दों में, भारतीय संस्कृति एक समग्र, अखंडित और सम्पूर्ण चेतना पर आधारित थी। वह सतत रूप से समय में प्रवहमान थी, किन्तु अपने प्रवाह के लिए इतिहास पर निर्भर नहीं थी। पश्चिमी मनुष्य की तरह वह इतिहास से आतंकित नहीं थी; क्योंकि वह इतिहास को 'परिवर्तन का एजेंट' नहीं मानती थी। भारतीय मनीषा का निर्माण व्यक्ति के ऐतिहासिक बोध द्वारा नहीं, उन मिथकों, प्रतीकों और संस्कारों के संश्लिष्ट प्रवाह में लक्षित होता है, जो इतिहास को नकारते नहीं, केवल उसकी लहरों को अपनी मूल धारा में समाहित कर लेते हैं।

यहाँ यह महत्त्वपूर्ण है कि जिस विशिष्ट अर्थ में हम यूरोपीय सन्दर्भ के 'इतिहास' का उल्लेख करते हैं, जहाँ वह जीवन के विभिन्न मोड़ों को इंगित करता है, उस अर्थ में भारत का कोई इतिहास नहीं है। बाह्य परिवर्तनों के बावजूद भारत की मूल जीवन-धारा में कोई बुनियादी अन्तर नहीं आया है। हम जिस दृष्टि से यथार्थ को देखते आए हैं, जिस ढंग से हमने अपने को काल और प्रकृति से जोड़ा है, मृत्यु के प्रति हमारा जो रुख़ रहा है, जिससे जीवन के प्रति हमारे रुख़ का पता चलता है—इन सबमें कोई मूलभूत परिवर्तन नहीं हुआ है, हालाँकि समय के घेरे में बाहरी यथार्थ बराबर बदलता रहा है। मैं यह बात कोई रहस्यवादी दार्शनिक की तरह नहीं कह रहा हूँ। मैं केवल एक तथ्य की ओर संकेत कर रहा हूँ, जो बिलकुल स्पष्ट हो जाएगा—यदि हम भारत की तुलना में उन बुनियादी परिवर्तनों की ओर ध्यान दें, जो पिछले एक हज़ार वर्षों में यूरोप के मानस और मनीषा में हुए हैं। यूनानी संस्कृति का ह्रास, रेनासाँ का उदयकाल, चर्च की प्रभुसत्ता का पतन, औद्योगिक क्रान्ति

से आज तक टेक्नोलॉजी का अद्भुत विकास—ये सब इतिहास के वे मोड़ जिन्होंने यूरोपीय मनीषा के 'टेक्स्चर' को आद्योपान्त बदल दिया है। एक तरह से देखें तो जिस 'बौद्धिक वैभव' (रोज़न) की शुरुआत यूनानी दार्शनिकों ने की थी, मनुष्य की वर्तमान विभीषिका उसकी तार्किक परिणति है—किन्तु मनुष्य की यह विकृति और यूनानी दर्शन के महान गौरव के बीच कितना भयानक अन्तर आ पड़ा है!

यदि भारतीय चेतना उपर्युक्त परिवर्तनों से अपेक्षाकृत अछूती रही है तो इसका मतलब यह नहीं है कि इतिहास ने बराबर उस पर अपना दबाव नहीं डाला है। एक तरफ़ हमारी चेतना की अँधेरी मिथक जड़ों ने ख़ुद अक्षुण्ण रहकर इतिहास के पानी को अपने ऊपर से बह जाने दिया और दूसरी तरफ़ व्यावहारिक स्तर पर हमें बराबर बदलते हुए ऐतिहासिक यथार्थ से समझौता भी करना पड़ा है। दरअसल भारतीय 'चरित्र' का निर्माण इन दो पाटों के बीच हुआ है, व्यावहारिक स्तर पर इतिहास को स्वीकार करना और मनीषा के स्तर पर उसके दबाव की नितान्त उपेक्षा करना—इस द्वंद्वात्मक प्रक्रिया के बीच हम एक असाधारण सन्तुलन बनाने में सफल हुए थे; क्योंकि इस सन्तुलन में ही हम अपनी मौलिक अस्मिता को जीवित रख सकते थे। अंग्रेज़ों के आगमन से पूर्व कभी यह ख़तरा उत्पन्न नहीं हुआ कि हमें जीने का मूल्य इस अस्मिता को समर्पित करने में चुकाना होगा।

भारत में अंग्रेज़ी राज की चुनौती जिन नियतिपूर्ण परिणामों से भरी थी, स्वतंत्रता के पिछले पच्चीस वर्षों के दौरान हम थोड़ा-बहुत उसका जायज़ा लगा सके हैं।

भारत में अंग्रेज़ी सत्ता महज़ साम्राज्यवादी शक्ति का ही प्रतीक न थी। वह शक्ति एक नितान्त भिन्न प्रकार की मान्यताओं का प्रतिनिधित्व करती थी। ये मान्यताएँ एक ऐसी जीवन-पद्धति में सन्निहित थीं (और आज भी हैं), जिसका सीधा सम्बन्ध एक ऐसी विकसित औद्योगिक समाज-व्यवस्था से था, जिसका मुख्य लक्ष्य प्रकृति पर विजय प्राप्त करना था। कहना न होगा, यूरोपीय देशों ने अफ्रीकी-एशियाई संस्कृतियों को ग़ुलाम बनाने से पहले ख़ुद प्रकृति को ग़ुलाम बनाना आरम्भ कर दिया था। मैंने ऊपर यूरोपीय मनीषा के जिस अन्दरूनी विभाजन का ज़िक्र किया था, दरअसल प्रकृति और मनुष्य के बीच विरोध इसी 'खंडित आत्मा' का ही एक लक्षण है। यदि आज पश्चिम की टेक्नोलॉजी के आतंक और सर्वग्राही त्रास ने मनुष्य को इस तरह ग्रस्त कर दिया है, तो इसकी जड़ें हमें अठारहवीं-उन्नीसवीं शती की 'औद्योगिक क्रान्ति' में देखनी होंगी, जब यूरोपीय मनुष्य ने 'प्रकृति पर विजय पाना' ही विकास का चरम लक्ष्य माना था। अत: भारत में अंग्रेज़ी राज के विरुद्ध संघर्ष महज़ राजनीतिक स्तर पर ही नहीं था, उस संघर्ष का एक गहरा महत्त्वपूर्ण सांस्कृतिक पहलू था, जहाँ भारतीय मनीषा की टक्कर सीधी उन यूरोपीय मान्यताओं से होती थी, जिनका प्रतिनिधित्व अंग्रेज़ शासक करते थे।

उन्नीसवीं शताब्दी के उस चरण में, जिसे आज हम 'बंगाल रेनासाँ' कहते हैं, भारतीय बुद्धिजीवियों के बीच उपयुक्त विषय को लेकर एक लम्बी बहस हुई थी और यह बहस केवल बंगाल तक ही सीमित न थी। यह हैरानी की बात है कि इस बहस को हम बहुत कुछ भूल चुके हैं जबकि आज भारतीय सन्दर्भ में हम कमोबेश उन्हीं प्रश्नों से जूझ रहे हैं, जिसके नुक़्ते हमारे पूर्वजों ने सौ वर्ष पहले उठाए थे।

अंग्रेज़ी राज ने पहली बार भारतीय बुद्धिजीवियों को आत्म-मन्थन करने को मजबूर किया था। एक चुनौती के रूप में उन्हें यह तय करना था (और बहस के दौरान ये दोनों विकल्प बहुत सफ़ाई से पेश किये गए थे)

कि क्या प्रगति और विकास का रास्ता यही है जो अंग्रेज़ शासकों ने आदर्श के रूप में उनके सामने रखा है—पश्चिमी लोकतंत्र की संस्थाएँ, अंग्रेज़ी शिक्षा और प्रचार-व्यवहार, औद्योगिक रण चौर महाजनी सभ्यता का प्रसार? इसी रास्ते पर चलकर आधुनिक बना जा सकता था और आधुनिक बनने की सबसे बड़ी शर्त यह थी कि हम किसी-न-किसी तरह से अपने को यूरोपीय मनुष्य की 'इमेज' में ढाल सकें, एक 'ऐतिहासिक' मनुष्य बन सकें। दूसरा विकल्प इसके बिलकुल विपरीत था। बल्कि यूँ कहें, वह एक ऐसा रास्ता था, जिसके द्वारा हम उन झूठे विकल्पों को ठुकरा सकते थे, जो अंग्रेज़ों ने हमारे सामने रखे थे। प्रश्न न तो पश्चिम का अनुकरण करने का था, न अतीत से चिपके रहने का—अपने रास्ते को इन दो विकल्पों में बाँटना ही ग़लत था। मूल प्रश्न यह था कि हम किस प्रकार की अपनी संस्कृति और जीवन-पद्धति के उन स्रोतों को सचेतन ढंग से संयोजित करें कि जिससे हम पश्चिम की चुनौती का सामना अपने पैरों पर और ख़ुद अपनी शर्तों पर कर सकें? उन्नीसवीं शती में आधुनिकतावादियों और पुनरुत्थानवादियों के बीच जिस झगड़े का उल्लेख हमारी इतिहास-पुस्तकों में किया जाता है, वह वास्तव में नक़ली और छद्म झगड़ा था—असली द्वंद्व दो जीवन-पद्धतियों के बीच में था। अंग्रेज़ी शासन के माध्यम से पश्चिमी सभ्यता मनुष्य, इतिहास और भविष्य के आदर्शों को एक ऐसी जीवन-धारा पर आरोपित करना चाहती थी, जिसे उन 'आदर्शों' की कोई आवश्यकता न थी, जिन्हें बल या प्रलोभन द्वारा भारतीय जीवन पर थोपा तो जा सकता था, किन्तु वे उसकी मनीषा में कहीं फिट नहीं होते थे।

राजा राममोहन राय और उनकी पीढ़ी के उदारपंथी बुद्धिजीवी इस द्वंद्व को समझते थे, किन्तु इसे सुलझाने का जो हल उन्होंने चुना, वह एक भ्रामक हल था। वह हमें एक ऐसी दिशा में ले गया, जिसके परिणाम हम आज भुगत रहे हैं। पश्चिमी सभ्यता के 'विकासोन्मुख' आदर्शों के सम्मुख ये बुद्धिजीवी अपने को कहीं बहुत छोटा पाते थे।

इस हीन भाव से अपने को उबारने के लिए उन्होंने समूचे भारतीय अतीत की महिमा को पुनर्जीवित करने की चेष्टा की। वे विदेशी शासकों के सामने यह प्रमाणित करना चाहते थे कि आधुनिक यूरोपीय मान्यताओं के मुक़ाबले में उनकी विगत संस्कृति का गौरव भी कम नहीं है। किन्तु वे इन 'आधुनिक यूरोपीय मान्यताओं' के प्रति आकर्षित भी थे। उन्हें उच्चतर सभ्यता का प्रतीक मानते थे, इसीलिए उनके सामने अपने को सम्मानित और 'रिस्पेक्टेबुल' सिद्ध करना चाहते थे। बंगाल रेनासाँ के बुद्धिजीवी एक ओर वेद-उपनिषदों की दुहाई देते थे, दूसरी ओर जान स्टुअर्ट मिल के सिद्धान्तों को भी स्वीकार करते थे और अपनी समाज-व्यवस्था पर उन्हें लागू करने के लिए लालायित थे। एक ओर उन्हें अपने अतीत पर गर्व था, दूसरी ओर वे इस गर्व को यूरोपीय मान्यताओं में भुनाकर अपने देश का भविष्य-निर्माण करना चाहते थे।

उन्नीसवीं शती के भारतीय बुद्धिजीवियों के इस अभियान को प्राय: 'समन्वय का अभियान' कहा जाता है। यह ऊपरी और सतही समन्वय तो था ही, बहुत भ्रामक और घातक भी था। वास्तव में आज हम जिसे पश्चिम-शिक्षित आधुनिक 'एलीट' कहते हैं, उस वर्ग की जड़ें सीधी इस 'समन्वय' से जुड़ी हैं—एक ऐसा वर्ग, जो एक तरफ़ भारतीय परम्परा का गुणगान करता है, दूसरी ओर अपने आदर्शों और सिद्धान्तों में अपनी समूची जीवन-पद्धति में पश्चिम की नक़ल करता है। जान स्टुअर्ट मिल की जगह अब मार्क्स और माओ का नाम अवश्य लिया जाता है, किन्तु तर्क वही है, जो उन्नीसवीं शती में दिया जाता था।

इस तर्क के पीछे हमेशा से एक औपनिवेशिक मनोवृत्ति काम करती रही है—उन्नीसवीं शती में उतनी ही, जितनी आज। यह मनोवृत्ति एक गहरे हीन भाव और अपनी प्रान्तीय अस्मिता के प्रति अविश्वास-भावना से उत्पन्न हुई है। इसके परिणामस्वरूप हमने अपने अतीत को पुनर्जीवित करने की ज़रूरत महसूस की, जैसे वह कोई मृत चीज़ हो, हमसे अलग

और बाहर—जबकि एक जाति का अतीत उसकी जीवन-धारा के साथ जुड़ा रहता है, वह भारतीय चेतना की समग्रता में वर्तमान है, दिखाने का अलंकार नहीं; जीने का तत्त्व है, ढोनेवाला बोझ नहीं; प्रवाह की लय में बिंधा एक जीवन्त प्रतीक है, जो इतिहास के फ़ॉर्मूलों द्वारा नहीं, अपनी प्राण-धारा के मुताबिक़ अपना भविष्य बनाता है।

और यह चीज़ मुझे इस औपनिवेशिक मनोवृत्ति के दूसरे पहलू की ओर ले आती है—इतिहास की अनिवार्यता के प्रति अन्धविश्वास। अंग्रेज़ शासकों ने इतिहास को कसौटी बनाकर भारत में अपनी प्रभुसत्ता, अपनी विकासोन्मुख सभ्यता—यहाँ तक कि संस्कृति और चिन्तन के क्षेत्र में भी अपनी दर्पपूर्ण महानता—साबित करने की चेष्टा की थी। अंग्रेज़ों का यह दर्प और दावा वास्तव में उन्नीसवीं शती के समूचे यूरोपीय चिन्तन (जिसमें स्वयं मार्क्स का चिन्तन शामिल है) का अंग था। इस कसौटी के आधार पर यूरोप सभ्यता के केन्द्र में था, बाक़ी एशियाई-अफ्रीकी संस्कृतियाँ 'अतीतोन्मुख, पिछड़ी हुई, ऐतिहासिक रूप से गई-बीती' जीवन-पद्धति का प्रतीक मानी जाती थीं। सभ्यता का यह मिशन और तक़ाज़ा था कि इन पतनोन्मुख व्यवस्थाओं का उन्मूलन हो, ताकि वे इतिहास के साथ अपनी 'प्रगति' कर सकें। एक प्रकार से यह तर्क यूरोप और ईसाई धर्म को ही विकास और मानवीय स्वतंत्रता का पर्याय मानता था।

"भारत का प्राचीन धर्म मृतप्राय हो चुका है। यदि ईसाई धर्म उसकी जगह नहीं लेता तो दोष किसका होता?"

ये भारत के किसी विरोधी के नहीं, स्वयं मैक्स मूलर के शब्द हैं, जो उन्होंने अपने एक पत्र में लिखे थे।

भारतीय अतीत, धर्म, परम्परा और जीवन-पद्धति के बारे में स्वयं मार्क्स का ज्ञान कितना अपूर्ण और सतही था—यह उनके उन पत्रों से पता चलता है जो उन्होंने भारत के बारे में अंग्रेज़ी अमेरिकी अख़बारों में प्रकाशित किये थे। अंग्रेज़ शासक जिन साम्राज्यवादी उद्देश्यों से

प्रेरित होकर भारतीय समाज-व्यवस्था को भ्रष्ट कर रहे थे, इसके बारे में उनका विश्लेषण सही और वैज्ञानिक है, किन्तु स्वयं उस व्यवस्था के मूल सांस्कृतिक तत्त्वों के बारे में उनका ज्ञान उतना ही संकीर्ण और पूर्वग्रस्त था, जितना यूरोप के अन्य विक्टोरियन समाजशास्त्रियों का, जो सिर्फ़ यूरोप की सभ्यता को कसौटी मानकर दुनिया की बाक़ी संस्कृतियों का मूल्यांकन करते थे।

किन्तु यूरोपीय चिन्तकों की बात अलग रही, स्वयं भारतीय बुद्धिजीवी इतिहास के आतंक से इतना ग्रस्त थे कि वे भारत की मुक्ति और विकास का एकमात्र रास्ता पश्चिम की राजनीतिक, सामाजिक संस्थाओं में ढूँढ़ने लगे थे। वे यह भूल गए कि ये संस्थाएँ चाहे समता और स्वतंत्रता की दुहाई ज़रूर देती हों—एक ऐसे औद्योगिक, बुर्जुआ समाज के अंग हैं, जिसका हमारी परम्परागत संस्थाओं से, जीवन-पद्धति और उससे जुड़े विश्वासों से कोई लेना-देना नहीं। यह सही है कि अंग्रेज़ों के औपनिवेशिक शासन ने इस पद्धति को विकृत किया था (जैसे अमेरिकी इंडियनों या अफ्रीकी जातियों या दुनिया के आदिवासियों के जीवन-संस्कारों को यूरोप की व्यावसायिक शक्तियों ने विकृत किया था), किन्तु क्या यह विकृति ऐतिहासिक रूप से अनिवार्य थी? यह अद्‌भुत तर्क होगा कि यदि कोई देश अपने बल-वैभव के आधार पर किसी जाति के धर्म-विश्वासों, संस्कारों, जीवन-गति को भ्रष्ट करता है तो हम इतिहास और प्रगति के नाम पर उसे एक न्यायोचित, अनिवार्य नियम के रूप में स्वीकार कर लें; अपने समूचे भविष्य को एक ऐसे ऐतिहासिक परिवेश में ढालना शुरू कर दें, जो हमारा परिवेश नहीं है, जिसे पश्चिम ने ज़ोर-ज़बरदस्ती हम पर थोपा है। कितना बड़ा व्यंग्य है कि उन्नीसवीं शती के पश्चिम-शिक्षित बुद्धिजीवियों के समान ही आज के मार्क्सवादी इतिहास के सामने इतने भाग्यवादी बन जाते हैं, सब देवताओं को ठुकराकर अन्त में इतिहास के देवता के आगे घुटना टेक देते हैं।

वास्तव में वर्तमान भारतीय 'एलीट' (वह चाहे दक्षिणपंथी हो या वामपंथी) की जड़ें उन्नीसवीं शती के बुद्धिजीवियों में पहले से मौजूद थीं, जब उन्होंने 'इतिहास = यूरोप = विकास' जैसे सरलीकृत, भ्रामक फ़ॉर्मूले को स्वीकार किया था। 'पश्चिम की तथाकथित चुनौती' का सामना करने के बहाने अपने देश की समूची जीवन-धारा को एक ऐसे भविष्य की ओर मोड़ दिया था, जो सिर्फ़ आत्मछलना था। पिछले सौ वर्षों की आत्मछलना में हमारे वर्तमान संकट के बीज निहित हैं। कोई भी भविष्य, चाहे वह कितना ही सुन्दर क्यों न हो, अपने वर्तमान को विकृत करके नहीं बनाया जा सकता।

जिस दिन हमने इतिहास की लौहवत् अनिवार्यता स्वीकार की, उस दिन पहली बार हम 'भविष्य' द्वारा आक्रान्त हुए, आज भी हैं। उन्नीसवीं शती से पूर्व हमारे सांस्कृतिक भाव-बोध में 'भविष्य' का कोई केन्द्रीय महत्त्व नहीं था। यह महत्त्वपूर्ण बात है कि केवल यहूदी-ईसाई-परम्परा में भविष्य को एक निर्णयात्मक कसौटी बनाकर जीवन को उसके अनुरूप संचालित करने पर ज़ोर रहा है। मसीहा के आने की आशा, 'अन्तिम निर्णय' की परिकल्पना, धरती पर स्वर्ग स्थापित करने का स्वप्न—ये सब मान्यताएँ भविष्य की आस्था से जुड़ी हैं। वर्तमान केवल सूत्रों का पर्दा है, सत्य और सम्पूर्णता उस पर्दे के पीछे है—ईसाई धर्म का यह एक पुराना, मार्मिक विश्वास रहा है।

यह एक दिलचस्प तथ्य है कि भविष्य के प्रति आस्था अपनी उत्पत्ति में भले ही यहूदी-ईसाई धर्म से जुड़ी हो, किन्तु उसने यूरोपीय भाव-बोध पर गहरा प्रभाव डाला था। पिछली शताब्दियों में शायद ही

कोई यूरोपीय क्रान्तिकारी चिन्तक रहा हो, जिसने एक काल्पनिक भविष्य की मनमानी रचना न की हो। स्वयं मार्क्स ने एक ऐसे 'वर्गहीन समाज' की परिकल्पना की, जहाँ कोई उत्पीड़न-शोषण नहीं होगा—और इस दृष्टि से मार्क्स ख़ुद यहूदी संस्कारों से अछूते नहीं थे। यह अलग बात है कि यहूदी संत इस भविष्य को 'धरती पर स्वर्ग' मानते थे, किन्तु यह 'स्वर्ग' अपनी सम्पूर्णता और न्यायोचित व्यवस्था में वर्गहीन समाज की परिकल्पना से भिन्न नहीं था। किन्तु मार्क्स ही क्यों, अठारहवीं-उन्नीसवीं शती के तमाम यूरोपीय चिन्तक (एकमात्र नीत्शे को छोड़कर, जो दार्शनिक से कहीं अधिक कवि-द्रष्टा थे) इतिहास के भक्त और भविष्य के उपासक थे। यूरोपीय रोमांटिक कवियों का रहस्यवाद—खंडित जीवन का अतिक्रमण करके सम्पूर्णता को उपलब्ध करने का स्वप्न—मार्क्स के ऐतिहासिक रोमांटिसिज़्म का ही दूसरा पहलू है।

भविष्य के प्रति इस अपार सम्मोहन के पीछे वर्तमान के प्रति एक गहरी अवज्ञा छिपी थी। वर्तमान महज़ एक माध्यम था, एक सीढ़ी, एक साधन-मात्र—जिसका अतिक्रमण करके ही भावी स्वर्ग को प्राप्त किया जा सकता था। दूसरे शब्दों में वर्तमान महज़ एक भ्रम है, असली यथार्थ भविष्य में सन्निहित है। यदि हम वर्तमान में अनैतिक, मानव-विरोधी आचरण करते हैं, तो उस पर आँसू बहाना एक बुर्ज़ुआ मनोवृत्ति है, एक मध्यवर्गीय कुंठा है; क्योंकि भविष्य की सम्पूर्ण नैतिकता हमारी वर्तमान अनैतिकता को हमेशा के लिए धो देगी। कहना न होगा, इस तर्क की परिणति हमें स्तालिनवादी व्यवस्था में मिलती है, जहाँ मनुष्य के भविष्य का निर्माण हुआ है, जिसमें स्वयं मनुष्य के लिए कोई स्थान नहीं।

वास्तव में भविष्य के प्रति दास-प्रवृत्ति अपने में ऐसी मनोवृत्ति है जो हर प्रकार की मानव-विरोधी, अधिनायकवादी व्यवस्था को न्यायोचित ठहरा सकती है। इतिहास की शपथ खाकर मनुष्य को एक काल्पनिक भविष्य का ग़ुलाम बनाना, उसके वर्तमान को घिनौना बनाकर छोड़

देना—हर क्रान्ति का पतन यहीं से आरम्भ होता है। (कला का ह्रास भी यहीं से आरम्भ होता है, किन्तु यह अलग विषय है।) हम इतिहास को साक्षी बनाकर भविष्य का 'आदर्श' गढ़ते हैं, फिर दूसरों को इस आदर्श में फिट करने की कोशिश करते हैं। 'हम जो हैं', उसे नकारकर 'हमें जो होना चाहिए', उसके अनुरूप अपने को तोड़ने-मोड़ने की कोशिश करते हैं (जैसे मनुष्य कोई धातु हो) और इस समूची प्रक्रिया में—जिसे हम क्रान्ति का नाम देते हैं—ख़ुद अपनी अस्मिता, अपनी सांस्कृतिक मनीषा, अपनी जीवन-धारा को इतना विकृत कर देते हैं कि हम न तो वह रह पाते हैं जो हम हैं, न उसे ही उपलब्ध कर पाते हैं जिसकी ख़ातिर हमने अपने को विकृत किया है। भविष्य की इस मरीचिका के पीछे भागता हुआ मनुष्य स्वतंत्रता के उस कस्तूरी-सौरभ को भी खो देता है, जो उसके वर्तमान की नाभि में मौजूद है, और जिसे वह नहीं देख पाता।

इस सन्दर्भ में बरबस मुझे अल्बैर कामू के शब्द याद हो आते हैं :

> इसकी बजाय कि हम ख़ुद मरकर और दूसरों को मारकर अपने को एक ऐसे मनुष्य में बदलने की कोशिश करें जो हम नहीं हैं। हमें चाहिए कि हम जीवित रहें और दूसरों को जीवित रहने दें ताकि हम अपने को उसमें बदल सकें। जो वास्तव में हम हैं, भविष्य के प्रति सही उदारता इसी में है कि हम अपना सब कुछ वर्तमान को दे दें।

पिछले डेढ़ सौ वर्षों से, राजा राममोहन राय से लेकर आज के अधुनातन बुद्धिजीवी तक, हम भविष्य से अभिभूत और आतंकित रहे हैं। हमारी भरसक यह कोशिश रही है कि हम अपनी सामाजिक व्यवस्था को

एक ऐसे भावी ढाँचे में ढाल सकें, जिसे विदेश में तैयार किया गया है। आश्चर्य नहीं, हम समय-समय पर अपना मॉडल बदलते रहे हैं, पश्चिमी प्रजातंत्र, सोवियत संघ, चीन—मॉडल चाहे जो भी हो, उसके पीछे वही औपनिवेशिक मनोवृत्ति रही है, जो अपने को देखने-पहचानने से घबराती रही है, मुक्ति का रास्ता हमेशा किसी बने-बनाए तावीज़ में ढूँढ़ती रही है। हमने कभी भविष्य के प्रति इस अन्धविश्वास पर शंका प्रकट नहीं की। गांधीजी एकमात्र ऐसे अपवाद थे जिन्होंने हमारे इस बौद्धिक आलस्य की कड़ी आलोचना की थी। उन्होंने बार-बार इस सत्य को दुहराया था कि हमारा भविष्य हमारे अतीत से जुड़ा है—और भविष्य और अतीत दोनों ही हमारी वर्तमान जीवनधारा के अंग हैं। यह अनिवार्य नहीं कि पश्चिम की तकनीकी सभ्यता को हम ज़ोर-ज़बरदस्ती अपने भविष्य पर लागू करें—और जानबूझकर उन अमानवीय अन्तर्विरोधों के शिकार बनें, जिनसे आज पश्चिमी जगत् (पूँजीवादी और समाजवादी, दोनों ही) इतनी बुरी तरह ग्रस्त हैं। मार्क्स ने जो चेतावनी पश्चिमी दुनिया को दी, गांधीजी ने उन ख़तरों के प्रति हमारा ध्यान वर्षों पहले आकृष्ट किया था।

उस चेतावनी को भूलकर हमने एक ऐसे रास्ते को चुना, जिसका लक्ष्य तकनीकी विकास का एक ऐसा 'पैटर्न' था, जो हम अपनी जीवन-पद्धति पर आरोपित करना चाहते थे। हमारे लिए यह सभ्य, आधुनिक, प्रगतिशील बनने का 'शॉर्टकट' था। हमने इस बुनियादी सत्य को नज़रअन्दाज़ कर देना उचित समझा कि हमारी समाज-व्यवस्था शताब्दियों से अपनी जीवन्त प्रेरणा विभिन्न बहुमुखी स्रोतों से प्राप्त करती रही है, उस पर एक क़िस्म का 'यूनिफ़ॉर्म' ढाँचा लादने का मतलब है, उन स्रोतों को ही नष्ट कर देना, जिनसे हमारी जीवनधारा अपनी अस्मिता का 'जल' ग्रहण करती रही है। यह तर्क निराधार है कि औद्योगिक प्रगति के बिना हमारी ग़रीबी दूर नहीं हो सकती—प्रश्न यह है कि क्या हमने कभी इस प्रगति को अपने देश की जातीय गति से जोड़कर देखा है—

या केवल एक ऐसी औद्योगिक प्रगति के मॉडल को पहली दुकान से ख़रीद लिया, जो रास्ते में पड़ती थी? ग़रीब हम पहले भी थे, किन्तु दरिद्र नहीं। यह दरिद्रता और भयानक विपन्नता उस औद्योगिक प्रगति की देन है जहाँ एक तरफ़ आठमंज़िला, पाँचनक्षत्रीय होटल है, दूसरी तरफ़ स्लम के अँधेरे, सीलन भरे तहख़ाने। ग़रीबी गौरवपूर्ण हो सकती है, यदि उसके सामने भोग-विलास के 'साधन' न हों। जब सब ग़रीब हों, तो कोई द़रिद्र नहीं होता; क्योंकि तब हम अपनी शर्तों पर, अपनी सीमाएँ पहचानकर वे होते हैं, जो हम हैं—अमीर या ग़रीब नहीं।

मुझे लगता है, आज वह समय आ गया है, जब हम उन निर्णयों का पुनर्मूल्यांकन करें, जो हमारे पूर्वजों ने डेढ़ सौ साल पहले लिये थे; क्योंकि आज हम जो कुछ हैं, उन निर्णयों के परिणामस्वरूप ही बने हैं। हम उस रास्ते पर हैं, जो उन्होंने अंग्रेज़ों की चुनौती के सामने चुने थे। हर जाति एक निर्णायक बिन्दु पर पहुँचकर अपने अतीत, अस्मिता और संस्कृति का पुन:परीक्षण करती है। ऐसे ही प्रश्न, या इसी तरह के प्रश्न उन्नीसवीं शती में रूसी लेखकों और बुद्धिजीवियों ने अपने से पूछे थे। कुछ वर्ष पहले चेकोस्लोवाकिया-जैसे छोटे देश में भी संकट की घड़ी में, समूची जाति ने अपनी परम्परा को अपने जीने का सम्बल बनाया था, उसके उजाले में वर्तमान के अँधेरे को पहचानने की कोशिश की थी। वह आत्म-मन्थन की घड़ी थी।

आत्म-मन्थन की घड़ी में ख़ामोशी को सहना पड़ता है, ताकि आनेवाले कल में सच्चे शब्द को कहा जा सके।

गद्य का पतन

पिछले दशक में गद्य किस तरह अपनी गरिमा खोता गया है, यह अपने में एक आश्चर्यजनक घटना है। यह भयानक घटना भी है। गद्य का ह्रास भाषा के अवमूल्यन के साथ जुड़ा है और उसका सीधा असर साहित्य की उन विधाओं पर पड़ता है—रिपोर्ताज, निबन्ध, सम्पादकीय लेख—जिनका आईना अन्तर्मुखी न होकर सीधे सपाट ढंग से हमारी-आपकी दैनिक ज़िन्दगी से होता है।

अकाल, भूकम्प और युद्ध की भयानकता को हम नंगी आँखों से देख सकते हैं, किन्तु भाषा किस ख़ामोशी और कितने अदृश्य ढंग से ध्वस्त हो जाती है, इस ओर बहुत कम लोगों का ध्यान जाता है। अचानक एक दिन लगता है कि जिन शब्दों से कभी अँधेरे कोने उजागर होते थे, वे एक-एक करके बुझते जा रहे हैं—ख़ुद अँधेरे का भाग बनते जा रहे हैं। हम उस शिशु अवस्था में पहुँच जाते हैं जहाँ शब्दों को नये सिरे से पहली बार पहचानना पड़ता है।

खुले गद्य का विकास खुले समाज में होता है—या अपेक्षाकृत खुले समाज में। पश्चिम का गद्य—डॉन कुओट से लेकर टॉम जोन्स तक—अपने को सामन्तवादी कीचड़ से उबारने का प्रयास था। एक अपेक्षाकृत पिछड़े समाज में भी कविता अपना रास्ता टटोल लेती है, क्योंकि उसके प्रतीक और बिम्ब, स्वप्न और संगीत एक सामूहिक संस्कार की देन हैं। इसके विपरीत गद्य का विकास एक आत्म-सजग, अधिक स्वाधीन व्यक्तित्व से जुड़ा होता है। जब कभी इस व्यक्तित्व की गरिमा को चोट लगती है, गद्य की गरिमा अपने-आप लुप्त हो जाती है। पिछले तीस वर्षों में सोवियत गद्य का पतन इसका दयनीय उदाहरण है। किन्तु गद्य के विकास में महज़ स्वतंत्र व्यक्तित्व ही काफ़ी नहीं (हालाँकि यह उसकी प्राथमिक शर्त है), उस परिवेश का भी उससे गहरा सम्बन्ध है, जिसमें लेखक शब्दों के सम्पर्क में आता है। टेलीविज़न और नैपाम बम की 'सभ्यता' शब्दों का उतना ही क्रूर ढंग से हनन करती है, जितनी वह व्यवस्था जो क्रान्ति और समाजवाद के शब्दों को खोखला करते हुए एक छोटे देश में टैंक भेजती है। हर व्यवस्था का अपना एक गोयबल्स है—जो शब्दों द्वारा सत्य को झूठ में परिणत करना चाहता है और इस भयानक प्रक्रिया में शब्द धीरे-धीरे ख़ाली होते जाते हैं। आज यदि हमें एक सीमा पर नार्मन मेलर के निबन्ध और दूसरी सीमा पर शोलेत्सजिन के उपन्यास इतने ताज़े और स्फूर्तिपूर्ण जान पड़ते हैं, तो सिर्फ़ इसलिए कि दोनों ने शब्दों को खोखला करनेवाले इस विषाक्त षड्यंत्र के ख़िलाफ़ विद्रोह किया है।

शब्दों की अपनी नैतिकता होती है। जिस अनुपात में हम 'नैतिकता' के प्रति कम संवेदनशील होते जाते हैं, उतना ही अधिक हम भाषा के प्रति बलात्कार करते हैं। गद्य का पतन इस बलात्कार से आरम्भ होता है।

हिन्दी गद्य पर इस प्रक्रिया की छाप बिलकुल अनूठे ढंग से पड़ी, यद्यपि उसका जन्म कमोबेश उन्हीं परिस्थितियों में हुआ, जिनमें पश्चिमी गद्य ने पहली बार साँस ली थी। बल्कि यूँ कहें कि भारतेन्दु-युग से द्विवेदी-काल तक का हिन्दी गद्य एक संघर्षरत परम्परा का क्रमगत विकास है। उसमें पश्चिमी गद्य का सघन और बहुमुखी अहसास न भी हो—वह एक साहसपूर्ण, साफ़, लाग-लपेट से मुक्त, निच्छल गद्य था जिससे जुड़ने का मतलब ही एक लड़ाकू परम्परा से जुड़ना था। गांधीजी की 'आत्म-कथा' के गद्य और लेख में उनकी दो टूक बात कहने की अप्रिय और कठोर सत्यवादिता, उनकी सादगी और स्पष्टवादिता अपने सर्वोत्तम क्षणों में जॉर्ज ऑरवेल की याद दिलाती हैं। जब इस समय के 'प्रगतिशील' लेखकों का मीलों लम्बा आलोचनात्मक गद्य हम भूल चुके होंगे, गांधी का गद्य हमें आज भी समकालीन लगता है। कहना न होगा, जैनेन्द्र के शुरू के उपन्यासों की भ्रामक सहजता उस सादगी की ही देन है, जो आज भी हमें अजीब ढंग से आकर्षित करती है।

यह खुले मैदान का गद्य था। अपने में मुक्त, मुक्ति के कारण थोड़ा-बहुत विनम्र, लेकिन हमेशा गरिमामय। आगे चलकर इसकी थोड़ी महीन छाया दीख पड़ती है तो शमशेर के 'प्लाट के मोर्चे' पर, महादेवी के 'अतीत के चलचित्रों' पर। दोनों में गहरी सूझ-बूझ है। एक हद तक आत्मपरक होने के बावजूद—या शायद उसी के कारण बाहर की चीज़ों के प्रति उनमें गहरा मोह है और यदि यथार्थ का सामना करने का चाव नहीं, तो उसमें रमकर अपने निजी 'लैंडस्केप' को पहचानने का, उसे हूबहू उकेरने का साहस है और सबसे बड़ी बात यह है कि मध्यवर्गीय होने के बावजूद वे मध्यवर्ग के झूठे आडम्बर से सर्वथा मुक्त हैं। इस गद्य में, ख़ास कर शमशेर के कुछ निजी निबन्धों और कहानी-सी दीखनेवाली कहानियों में, एक अजीब तरह का परीशान तनाव मिलता है, जो बाद के गद्य में हमने हमेशा के लिए खो दिया।

ऐसा क्यों हुआ? क्यों हमारा गद्य साहित्य पूर्ण रूप से विकसित होने से पहले ही मुरझाने लगा? इसका एकमात्र कारण है—हमारे समाज का आत्मभ्रामक खुलापन, जो महज़ खुला होने का भ्रम देता है, किन्तु असल में है नहीं। हमारे समाज ने जहाँ पश्चिम की देखा-देखी में कुत्सित व्यावसायिकता को जन्म दिया, वहाँ उससे संघर्ष करने के लिए जिस आत्म-सजग, स्वतंत्र व्यक्तित्व की ज़रूरत थी, उसे कभी पनपने का मौक़ा नहीं मिला। हालत यह है कि पश्चिम की समूची दूषित व्यावसायिकता हमारे सामने है—उससे संघर्ष करने का हथियार एक भी नहीं। हमारी मध्यवर्गीय चेतना ख़ुद एक समझौता है। एक तरफ़ सामन्तवादी संस्कार, दूसरी तरफ़ सस्ती छद्म आधुनिकता—इन दोनों के बीच के कसैले घोल से हमारे आधुनिक गद्य का जन्म हुआ है। इस ज़माने में जिस वर्ग की आकांक्षाओं ने हमारे गद्य में प्राण फूँके थे, हमारे समय तक आते-आते उसी वर्ग के छिछोरे ड्राइंगरूम-समझौते ने उसे मृतप्राय कर दिया है। इसलिए आपको एक ही क़िस्म के लेखक मिलेंगे जो जहाँ एक साँस में तिलक और मेहँदी की बात करेंगे, वहीं दूसरी साँस में 'क्राइसिस' की—अंग्रेज़ी शब्द में जो तीव्रता है, वह भला 'संकट' में कहाँ?

इस मध्यवर्गीय गद्य के दो छोर हैं—छद्म अभिजात शालीनता और छद्म विद्रोह। दोनों में ही अपने को बचाने की कोशिश है। दोनों की भाषा बनावटी जान पड़ती है—क्योंकि सत्य और यथार्थ की गर्द-धूल से दोनों के श्वेत वस्त्र अछूते हैं। देखिए 'अपने-अपने अजनबी' का अभिजात गद्य। जब कभी अज्ञेय जी किसी भदेस शब्द का इस्तेमाल करते हैं, तो लगता है कि वह पायँचे उठाकर कीचड़ में जा रहे हैं—उस शब्द से हाथ मिलाने। दूसरे छोर पर आपको मिलेंगे कहानीकारों के धुआँधार लेख—जिनमें विद्रोह के स्थान पर आक्रोश है, आक्रोश भी वर्तमान स्थिति पर उतना नहीं, जितना प्रतिद्वंद्वी लेखकों पर।

यह एक उल्लेखनीय चीज़ है कि पिछले वर्षों में हिन्दी कहानी की उपलब्धियाँ कुछ भी रही हों, कहानी-लेखकों का गद्य, उनके निबन्धों और लेखों की भाषा एक ओर पंडिताऊ बोझिलपन और दूसरी ओर गाली-गलौज-भरी 'साहसिकता' के बीच साँस तोड़ती रही है।

हमारे मध्यवर्गीय गद्य के ये दो सीमान्त न सही रूप से व्यंग्यात्मक और गरिमापूर्ण हैं जो पश्चिमी मध्यवर्गीय 'मैन ऑफ़ लैटर्ज़' की उपलब्धि बने थे, न उनमें बीटनिक लेखकों का खुला, मुक्त नंगापन है—जिसमें आक्रोश और अश्लीलता की गन्ध नहीं। यदि वह किसी की याद दिलाता है तो बीते हुए विक्टोरियन-युग के दमित संस्कारों की। अंग्रेज़ों की विक्टोरियन पार्टियों में एक चलन था कि अपने को शालीन और भद्र दिखानेवाले पुरुष महिलाओं को कमरे में छोड़ ख़ुद 'स्मोकिंग रूम' में चले जाते थे, एक-दूसरे को अश्लील चुटकुले सुनाकर अपनी साहसकिता का परिचय देते थे और जब उनसे तृप्त हो जाते तो कहते थे—'शैल वी नाउ ज्वाइन द लेडीज़?' यानी चलें, अब थोड़ी-बहुत शालीन बातचीत कर लें!

जिस दिन हमारा गद्य 'स्मोकिंग रूम' की नक़ली साहसिकता और महिलाओं के सामनेवाली दिखावटी भद्रता से छुटकारा पा लेगा, वह फिर खुले मैदान में आ खड़ा होगा। ऐसे प्रौढ़ गद्य की हमें आज प्रतीक्षा है।

अजीब संयोग की बात है कि हिन्दी गद्य के मरुस्थल में जहाँ कहीं हरी घास के टुकड़े दिखाई देते हैं, वहाँ उन लोग के हाथ दिखाई देते हैं जो कविता के अधिक नज़दीक रहे हैं—जिनका 'प्रोफ़ेशनल'

गद्यकारों की अखाड़ेबाज़ी से ज़्यादा लेना-देना नहीं था, जिन्होंने कविता के हाशिये पर अपने निबन्ध या लेख लिखे थे। उनकी ताज़गी, मर्मज्ञता और दो टूक पैनापन अपने में एक अजीब आनन्द देता है। शायद इसलिए कि वे कवि होने के नाते शब्दों के महत्त्व को अधिक पहचानते हैं और उनसे खिलवाड़ नहीं करते। शायद इसलिए भी कि हमारे यहाँ कविता की एक मुखर आलोचना-पद्धति रही है, जिससे हमारा गद्य दुर्भाग्यवश आज तक वंचित रहा है।

साहित्य-सिनेमा : सही रिश्ते की पहचान

कोई भी कलाकृति—कविता, चित्र, फ़िल्म—अपने में अन्तिम रूप से सम्पूर्ण है। उसका सत्य और मर्म उसके माध्यम से अलग करना असम्भव है—बल्कि यूँ कहें, स्वयं माध्यम का चुनाव लक्ष्य की खोज के साथ जुड़ा है। इस दृष्टि से शब्दों में फ़िल्म का सत्य अनूदित करना उतना ही निरर्थक प्रयास है, जितना कविता के मर्म को शब्दों से अलग करके देखने की कोशिश करना। आश्चर्य की बात है कि साहित्य का मूल्यांकन करते समय हम जिस कसौटी का प्रयोग करते हैं, फ़िल्म का सामना करते समय हम उस कसौटी को अलग रख देते हैं—जैसे एक विधा की कसौटी दूसरी विधा से अलग हो। यहीं से भ्रान्ति उत्पन्न होती है। साहित्य और फ़िल्म के बीच सही रिश्ते को पहचानने के लिए पहली शर्त इस भ्रान्ति से छुटकारा पाना है।

इस भ्रान्ति का एक अन्य कारण भी है। फ़िल्म अन्य विधाओं की अपेक्षा अधिक व्यापक पैमाने पर जनता से सम्पर्क जोड़ती है। हम कविता को अकेले कमरे में पढ़ लेते हैं। फ़िल्म हमेशा 'दूसरों के साथ' जनसमूह में देखते हैं। इससे अक्सर यह भ्रान्ति उत्पन्न हो जाती है कि उत्कृष्ट फ़िल्म की मुख्य शर्त उसकी सम्प्रेषणीयता है—जबकि यह शर्त हम कहानी या कविता पर लागू करने में हिचकते हैं। अगर सम्प्रेषणीयता को हम उत्कृष्ट कविता की कसौटी मान लें, तो हमें नीरज को मुक्तिबोध की अपेक्षा महान कवि मानना पड़ेगा। ज़ाहिर है, यह एक हास्यास्पद चीज़ होगी। किन्तु ऐसी ही 'हास्यास्पद' शर्त हम 'माया दर्पण' या 'उसकी रोटी' जैसी फ़िल्मों पर जिस गम्भीरता से लागू करते हैं, वह ख़ुद अपने में चिन्तास्पद स्थिति है।

हम यह भूल जाते हैं कि "किसी भी कलाकृति का महत्त्व उसकी सम्प्रेषणीयता पर नहीं, बल्कि उसके अन्तर्निहित उद्देश्य और उस उद्देश्य को रूपायित करने की ज़िम्मेदारी द्वारा निर्धारित होता है।" हमारे देश के जनवादी आलोचक, जो समय-समय पर सम्प्रेषणीयता की दुहाई देते हैं, वॉल्टर बेन्यामिन जैसे मार्क्सवादी आलोचक के इन शब्दों के प्रति ध्यान देंगे : "कला मनुष्य के शारीरिक और आध्यात्मिक अस्तित्व को मान्यता देती है—लेकिन किसी कलाकृति की मनुष्य पर कैसी प्रतिक्रिया होती है, उसका कला से कोई सरोकार नहीं। कोई भी कविता पाठक के लिए नहीं होती। कोई भी चित्र दर्शक के लिए नहीं होता। कोई भी सिम्फनी श्रोता के लिए नहीं होती।"

अत: हाल में बनी 'नई फ़िल्मों' की उपलब्धि या असफलता खोजने के लिए हमें उनकी 'लोकप्रियता' या 'सम्प्रेषणीयता' की ओर न जाकर

उनकी अन्तर्निहित प्रेरणा को जाँचना होगा—और देखना होगा कि वे स्वयं इस प्रेरणा की कसौटी पर खरी उतरती हैं या नहीं। कहना न होगा, हर फ़िल्म के प्रयोग महज़ उसकी प्रेरणा की भूमि पर ही सार्थक होते हैं—उसके अभाव में वे चाहे अपने में कितने ही सनसनीखेज़ या चमत्कारपूर्ण क्यों न हों, वास्तव में अप्रासंगिक और कृत्रिम हो जाते हैं।

मेरे विचार में 'माया दर्पण' जैसी नई फ़िल्मों की सबसे बड़ी उपलब्धि यह है कि उनमें ऐसे कोई सनसनीखेज़ 'प्रयोग' नहीं मिलते जो बम्बई या हॉलीवुड फ़िल्मों के आभूषण हैं—अपने में वे अत्यन्त सादी, चमत्कारहीन किन्तु अपनी दृष्टि में अत्यन्त ठोस और जीवन्त फ़िल्में हैं। कुमार शाहनी, मणि कौल इत्यादि निर्देशक भले ही विदेशी निर्देशकों के दर्शन से कितने ही प्रभावित क्यों न रहे हों, अपनी फ़िल्मों के रंगीन बिम्बों, रंगों, संकेतों और भावभूमि की खोज उन्होंने बाहरी आडम्बर के मोह में नहीं, बल्कि अपनी फ़िल्मों की आत्यन्तिक आवश्यकताओं के अनुसार की है। इस खोज में उन्होंने जो प्राप्त किया है, उसके बारे में विवाद हो सकता है, किन्तु जिन सस्ते, अवास्तविक आकर्षण को त्यागा है, वह अत्यन्त महत्त्वपूर्ण है। अतः इन फ़िल्मों की चाहे और कितनी ही कमज़ोरियाँ क्यों न रही हों, उन पर 'विदेशी प्रभाव' का आरोप मुझे नितान्त ग़लत और निराधार जान पड़ा है।

यहाँ मैं इन फ़िल्मों की अन्तर्निहित प्रेरणा की ओर लौटना चाहूँगा, जिसका ज़िक्र मैंने ऊपर किया था। अक्सर हम यह भूल जाते हैं, और इस 'भूल' का उदाहरण मुझे उस गोष्ठी में देखने को मिला था जो दिल्ली में फ़िल्म-समारोह के अवसर पर आयोजित की गई थी कि फ़िल्म

अपने में चाहे 'जन-माध्यम' क्यों न हो, एक कलाकृति के रूप में वह शुद्ध रूप से निर्देशक के व्यक्तिगत दर्शन, आग्रहों और दृष्टिकोण की उपज है। अगर वह अपनी फ़िल्म के लिए किसी लेखक की कहानी चुनता है, तो इसलिए नहीं कि वह कहानी साहित्यिक दृष्टि से सफल या अच्छी है, बल्कि इसलिए कि कहानी का कथ्य उसे अपने दृष्टिकोण, अपने दर्शन को शुद्ध सिनेमा के बिम्बों में अनूदित करने में मदद करता है—उसी तरह, जैसे किसी अन्य निर्देशक को अपने दृश्यों को कम्पोज़ करने में किसी चित्रकार की शैली से प्रेरणा मिल सकती है। कोई भी कहानी फ़िल्म-निर्देशकों की प्रेरणा की शुरुआत या लक्ष्य नहीं है। वह केवल उसकी रचना-प्रक्रिया की एक कड़ी है—एक तत्त्व, एक पहलू, जिसे वह अपनी ज़रूरतों के मुताबिक़ चुनता है, तोड़ता-मरोड़ता है, अपने सृजनात्मक संगठन में संयोजित करता है। अन्तिम रूप से जो फ़िल्म-रचना तैयार होती है, उसकी सफलता या असफलता इस बात पर निर्भर नहीं करती कि निर्देशक ने अच्छी या ख़राब कहानी का चुनाव किया है, बल्कि इस बात पर कि उसने जो भी, जैसी भी कहानी चुनी है, उसे किस सीमा तक वह अपने शुद्ध फ़िल्मी दर्शन और दृष्टिकोण में ढालने में सफल हो सका है; और स्वयं उस दर्शन, उस दृष्टिकोण के महत्त्व, उसकी गहराई और प्रासंगिकता को उजागर कर सका है। अतः नये निर्देशकों पर यह आरोप लगाना—जैसा इस गोष्ठी में डॉ. लक्ष्मीनारायण लाल या मनहर चौहान ने अपने भाषणों में प्रकट किया था, कि वे प्रसाद या प्रेमचन्द की कहानियाँ क्यों नहीं चुनते, या एक ही लेखक की अनेक कहानियाँ क्यों चुनते हैं—न केवल फ़िल्म-कला के बारे में आश्चर्यजनक प्रज्ञान प्रकट करते हैं, बल्कि स्वयं फ़िल्म और साहित्य के बीच सम्बन्ध की प्राथमिक, अनिवार्य शर्तों को नज़रअन्दाज़ कर देते हैं।

अपने में ही यह अर्थहीन तर्क है कि निर्देशक पर कोई अंकुश लागू किया जाए कि वह कौन-सी कहानी चुने या किस लेखक की

कहानी चुने—किन्तु यह तर्क एक अन्य भ्रान्ति पर भी आधारित है कि महज़ 'अच्छी यथार्थवादी' (चाहे इसका कुछ भी मतलब क्यों न हो) कहानियों के चुनाव से ही उत्कृष्ट फ़िल्मों का निर्माण हो सकता है। यदि ऐसी बात होती तो टॉल्स्टॉय या हेमिंग्वे के उपन्यासों पर आधारित फ़िल्में इतनी ख़राब न होतीं, और यह रहस्य भी समझ के बाहर होता कि आज हम जिन फ़िल्मों को चिरस्मरणीय अनुभव के रूप में याद करते हैं—आइंस्टाइन से अन्तोनियनी की फ़िल्म-कृतियों तक—उनमें से अधिकांश ऐसी फ़िल्में हैं, जिन्हें साहित्य या साहित्यिक कथाओं से कुछ लेना-देना नहीं था। यह एक ऐसा तथ्य है, जिससे वे हिन्दी लेखक, जो गोष्ठियों में निर्देशकों को अच्छी फ़िल्में बनाने के नुस्ख़े या उपदेश देते हैं, शायद थोड़ी-बहुत विनम्रता सीख सकते हैं।

मेरे विचार में इधर नये फ़िल्म-निर्देशकों ने साहित्यिक कथाओं के प्रति जो रुचि दिखानी आरम्भ की है, उसे ज़रूरत से ज़्यादा तूल देना ठीक नहीं होगा। बम्बई की व्यावसायिक फ़िल्म-दुनिया से अलग हटकर जिस नये, स्वस्थ फ़िल्म आन्दोलन का सूत्रपात होगा, उसकी केन्द्रीय प्रेरणा साहित्य से आती है या कला से, यह बहुत गौण और अप्रासंगिक चीज़ है। इस आन्दोलन की सार्थकता अन्तिम रूप से इस बात पर निर्भर करेगी कि स्वयं फ़िल्म-निर्देशक भारतीय परिवेश में फ़िल्म की उन अप्रत्याशित सम्भावनाओं को उजागर करने में सफल होंगे, जो व्यावसायिक निहित स्वार्थों के कारण आज तक अछूती पड़ी रही हैं। हमें फ़िल्म की सार्थकता फ़िल्म-कला की कसौटी पर, न कि साहित्यिक चौखटों पर, आँकनी होगी। एक उत्कृष्ट कहानी पर भी ऐसी व्यावसायिक फ़िल्म बनाई जा सकती है,

जिसमें बम्बई-फ़िल्मों के सब नुस्ख़े और समझौते शामिल हों; जबकि दूसरी ओर अगले पाँच-दस वर्षों में शायद कुछ ऐसी नई, जीवन्त, प्रयोगशील फ़िल्में बनाई जाएँ, जिनका साहित्यिक कथाओं से कोई सम्बन्ध न हो; दूसरे शब्दों में, जिनका प्रेरणास्रोत स्वयं निर्देशक के अनुभव, दृष्टि और खोज के तक़ाज़ों में निहित हो।

किन्तु जब तक ऐसा नहीं होता, हर ऐसे निर्देशक को, जो शब्द के प्रति संवेदनशील है और अपनी फ़िल्म के कथ्य की खोज में किसी लेखक की कहानी को चुनने का जोखिम उठाता है, तब तक उस 'ज़मीन' को खोजने का संघर्ष करना पड़ेगा जहाँ उसका लक्ष्य कहानी के मूल मर्म के साथ सही-सही साक्षात्कार कर सके। एक तरफ़ ऐसे निर्देशक हैं—जो हमें बम्बई या हॉलीवुड की व्यावसायिक दुनिया में आसानी से मिल सकते हैं—जिनके लिए कहानी सिर्फ़ कच्चा माल है और जिसे वे फ़िल्म-निर्माण में सिर्फ़ एक फ़ॉर्मूले या बहाने के रूप में इस्तेमाल करते हैं। यहाँ फ़िल्म और साहित्य के बीच सम्बन्ध का प्रश्न ही नहीं उठता, क्योंकि कहानी महज़ उपक्रम है, साक्षात्कार करने की चीज़ नहीं। दूसरे छोर पर ऐसे निर्देशक हैं जो अक्षरश: कहानी का अनुकरण करते हैं, जिनके लिए फ़िल्म महज़ किसी साहित्यिक रचना या उपन्यास को सेल्यूलाइड पर उतारने की उपलब्धि है, अपने में स्वतंत्र कलाकृति नहीं। यहाँ कहानी ही सब कुछ है, फ़िल्म एक उपक्रम है और इस स्थिति में भी वह साक्षात्कार से कतराकर निकल जाता है। किन्तु इन दो सरलीकृत छोरों से अलग फ़िल्म और साहित्यिक रचना के बीच एक जीवन्त द्वंद्वात्मक सम्बन्ध की खोज हो सकती है, जहाँ एक विधा का

मर्म दूसरी विधा के प्रतीकों द्वारा आलोकित होता है—एक को दूसरे का कच्चा माल बनाकर नहीं, बल्कि दोनों की अन्तर्निहित सम्भावनाओं को उजागर करने की प्रक्रिया में। यही वह ज़मीन है, जहाँ फ़िल्म और साहित्य का अपनी स्वतंत्र सत्ताओं के रूप में, अपनी निजी शर्तों पर साक्षात्कार हो सकता है। अगर फ़िल्म-निर्देशक इस दृष्टि से कोई कहानी चुनता है, तो उसका 'चुनाव' मनमाना या 'आरबिटरेरी' नहीं होगा। वह यह कहकर अपना पल्ला नहीं छुड़ा सकता कि 'अपनी फ़िल्म के लिए मैं अमुक कहानी भी चुन सकता था', क्योंकि स्वयं कहानी का चुनाव उसकी दृष्टि और लक्ष्य के साथ अन्तरंग रूप से जुड़ा होगा। यदि निर्देशक इस 'चुनाव' की अनिवार्यता अपनी फ़िल्म-रचना में सही-सही महसूस कर सकता है, तो वह कहानी को अपने लक्ष्य के अनुरूप अपने माध्यम की शर्तों और तक़ाज़ों पर चाहे कितना ही क्यों न तोड़े-मरोड़े, कितना ही संशोधित और परिवर्तित क्यों न करे, कहानी की मूल आत्मा समूची फ़िल्म में अक्षुण्ण रूप से ध्वनित होती रहेगी।

मुझे लगता है, अगर सब नहीं, तो कुछ नये फ़िल्म-निर्देशकों ने कहानी और फ़िल्म के इस साक्षात्कार की ओर क़दम उठाने का साहस दिखाया है। उनकी फ़िल्मों की सफलता-असफलता पर बहस हो सकती है, किन्तु शायद यह कोई नहीं कहेगा कि ग़ैर-व्यावसायिक फ़िल्मों को बनाने में, उनका साहित्य और जीवन से जीवन्त सम्बन्ध जोड़ने में—फ़िल्म को एक स्वतंत्र कला-विधा के रूप में प्रतिष्ठित करने में जो समस्याएँ सामने आती हैं, उनका सीधा-सीधा सामना करने में वे कतरा गए हैं।

तीन एकान्त : एक अनुभव

एक बार लिखी जाने पर किसी कृति की क्या नियति होती है, इसका रहस्य शायद कोई भी लेखक नहीं जानता। बहुत वर्ष पहले बेकारी के ख़ाली दिनों में मैंने 'माया दर्पण' कहानी लिखी थी। तब यह कल्पना असम्भव थी कि एक दिन वह मेरी अन्य कहानियों को पीछे छोड़कर फ़िल्म के योग्य मानी जाएगी। इसी तरह जब हाल में मेरी इन तीन कहानियों को (थ्री टेक्स्ट्स इन सॉलीट्यूड) नाट्य-मंचन के लिए चुना गया था तो इसलिए नहीं कि मैंने इन्हें ख़ास स्टेज के लिए लिखा था। उनके बीच एकमात्र समानता यह थी कि वे 'मोनोलोग' स्वर में रची गई थीं, जब अकेले क्षणों में व्यक्ति अपने से ही बोलने लगता है। यह वार्तालाप 'बाहर की दुनिया' से नहीं है, इसलिए परम्परागत अर्थ में इसे नाटकीय संवाद नहीं कहा जा सकता। किन्तु जहाँ शब्द अपने से कहे जाते हैं, वहाँ 'स्व' ही लड़ाई का मैदान बन जाता है—अपनी भीगी हुई लांछना, पश्चात्ताप, विडम्बनाओं से घिरा हुआ—और इसी में इन शब्दों की लावारिस-सी नाटकीयता निहित है।

यह सोचना भ्रामक होगा कि 'नाटकीयता' केवल नाटक-विधा की सम्पत्ति है—दरअसल कला की हर विधा अलग-अलग ढंग से नाटकीय होती है, क्योंकि वह अलग-अलग रूपों में अपने को दुनिया से जोड़ती है (चाहे वह भीतर की दुनिया क्यों न हो)। जब किसी ने प्रसिद्ध उपन्यासकार हेनरी जेम्म से कला के रहस्य के बारे में पूछा तो उन्होंने केवल दो शब्दों में उत्तर दिया, "Only dramatise." हम जिस तरह नाटक में पर्दा उठते ही प्रतीक्षा करने लगते हैं कि 'अब कुछ होगा', उसी तरह जब कोई अनुभूति अपने मूक अँधेरे से उठकर शब्दों के प्रदेश में रास्ता टटोलती है, तब अचानक कुछ होने लगता है। यह स्फुरण—बेलौस, गूँगे अस्तित्व में कुछ होने का कम्पन—कुछ और नहीं, सिर्फ़ वह नाटकीय तत्त्व है, जिसके बिना नाटक ही नहीं, हर कला-विधा मृतप्राय हो जाती है। नाटकीयता हर कला-विधा में मौजूद रहती है, किन्तु हर विधा नाटक नहीं होती।

इसलिए कहानी के 'नाटकीकरण' पर बहस एक हद तक निरर्थक है। कोई भी सार्थक कथा-प्रयोग अपने में नाटकीय होगा, यह मैं मानता हूँ। किन्तु वह मंचन के लिए भी उपयुक्त होगा, यह ज़रूरी नहीं है। नाट्य-मंचन के लिए एक कहानी की विषयवस्तु निर्णयात्मक महत्त्व की नहीं बल्कि वह फ़ॉर्म, वह तन्तुजाल महत्त्वपूर्ण है, जिसमें कहानी के नाटकीय तत्त्वों को बुना गया है। कहानी के फ़िल्मीकरण और नाटकीकरण के बीच यह मूलभूत अन्तर है। किसी भी कहानी का फ़िल्मीकरण महज़ उसकी विषयवस्तु के आधार पर हो सकता है, क्योंकि फ़िल्म-निर्देशक के लिए वह 'कच्चे माल' से अधिक महत्त्व नहीं रखता। दूसरी ओर नाट्य-मंचन में कहानी का टेक्स्ट उतना ही महत्त्वपूर्ण है जितना स्वयं नाट्य-कृति का टेक्स्ट होता है—उसमें दृश्य और शब्द, दोनों महत्त्वपूर्ण हैं, अन्योन्याश्रित हैं। मंच की रोशनी में दोनों ही एक-दूसरे को उजागर करते हैं।

अत: कहानी को तोड़-मरोड़कर, उसके शब्दों को बदलकर, उसके फ़ॉर्म को भंग करके नाट्य-मंचन के लिए इस्तेमाल नहीं किया जा सकता—तब वह कहानी का नहीं, कहानी के बहाने एक 'नये' नाटक का मंचन होगा। न ही उसका मंच-पाठन (जब एक अभिनेता मंच पर किसी कहानी को अपने हाव-भाव, संकेतों, स्वर के उतार-चढ़ाव द्वारा नाटकीय ढंग से पढ़ता है) कहानी के नाटकीकरण की समस्या को सुलझा सकता है, क्योंकि समस्त नाटकीय संकेतों के बावजूद, वह मूल रूप से 'कथा-पाठन' ही माना जाएगा। इससे कहानी के टेक्स्ट की रक्षा तो हो जाएगी, किन्तु उसके मंचन की समस्या नहीं सुलझ सकेगी। चुनौती कहीं इन दोनों के बीच है, जब कहानी के मूल स्वभाव को विकृत किये बिना उसे मंच पर इस तरह प्रस्तुत किया जाए, जहाँ वह एक ही समय में नाटक का 'इल्यूज़न' दे सके और दूसरी ओर कहानी की आत्यन्तिक फ़ॉर्म और लय को अक्षुण्ण रख सके। यहाँ समस्या कहानी के नाटकीय तत्त्वों को चुन-चुनकर स्टेज पर सजाना नहीं है, बल्कि उस समूची नाटकीय लय को मंच पर पुनर्जीवित करना है, जो कहानी के भीतर अदृश्य रूप से व्याप्त है। अत: कहानी के सार्थक मंचीकरण में अभिनेता या (अभिनेत्री) एक साथ कहानी को 'पढ़ते' हैं और—उसे 'जीते' हैं। हर शब्द 'अपने में' एक 'एक्ट' है, महज़ 'एक्ट' करने का माध्यम नहीं। शुद्ध नाटक के मंचन में अभिनेता शब्दों से एक स्थिति पैदा करता है और फिर उस स्थिति को झेलता है, "किन्तु कहानी के मंचन में टेक्स्ट का हर शब्द अपने में स्थिति है, उसे बोलना ही स्थिति को झेलना है।"

यह शायद सिर्फ़ संयोग नहीं था कि जिन कहानियों को मंचन के लिए चुना गया, वे कमोबेश 'स्मृति' में आकार ग्रहण करती थीं। तीनों पात्र किसी-न-किसी ढंग से अपने अतीत को वर्तमान में जीते हैं,

गुनते हैं, उसके साथ सुलह करना चाहते हैं। स्मृति की यह विशेषता है (और इसमें वह स्वप्न से मिलती-जुलती है) कि उसमें शब्द अन्त तक पहुँचने का महज़ रास्ता भर नहीं हैं, वे घटना का अन्त जानते हैं, अत: वे उसे अपने भीतर लेकर चलते हैं। जो व्यक्ति याद करता है, वह समग्रता में (totality) याद करता है। जिस प्रकार एक बार पूरा चित्र देखने के बाद यदि हम उस चित्र का सिर्फ़ अंश या 'डिटेल' देखें, तो उस अंश में भी हम चित्र की सम्पूर्णता देखते हैं (या उसकी झलक याद रखते हैं), उसी प्रकार स्मृति का हर शब्द अपने में सम्पूर्ण है, क्योंकि वह अन्त की सम्पूर्णता का ही अंश है। इसीलिए स्मृति के हर शब्द एक साथ अभिशप्त और मुक्त होते हैं—अभिशप्त इसलिए कि वे कहानी दुहराते मात्र हैं, उसे बदल नहीं सकते; मुक्त इसलिए कि वे उस कहानी के अन्त की अनिवार्यता जानते हैं—दुहराने के दौरान वे उसे मानते हुए भी उसकी खिल्ली-सी उड़ाते हैं। किसी आवाज़ की गूँज सिर्फ़ उसकी प्रतिध्वनि नहीं होती, पैरोडी भी होती है—और इसी में गूँज की स्वतंत्रता निहित है।

कहना असम्भव है कि 'तीन एकान्त' उपर्युक्त चुनौती को झेलने में कितना सफल हुए हैं—यह निर्णय दर्शकों और आलोचकों पर ही छोड़ना होगा। स्वयं मेरे लिए यह बात कि कहानियों को सुनने-पढ़ने के अलावा देखा भी जा सकता है, एक विस्मयकारी अनुभव थी। जिन कहानियों को अरसा पहले मैंने अपने अकेले कमरे में लिखा था, उन्हें खुले मंच पर दर्शकों के बीच देखना कुछ वैसा ही था, जैसे टेपरिकॉर्डर पर अपनी आवाज़ सुनना, जो अपनी होने पर भी अपनी नहीं जान पड़ती। कहानी लिखना बहुत अकेलेपन की चीज़ है। यह सौभाग्य बहुत कम प्राप्त होता है कि ख़ुद अलग रहकर इस अनुभव को दूसरों के साथ बाँटा जा सके। किन्तु जब कभी ऐसा होता है, तब वह अनुभव ख़ुद हल्का-सा हो जाता है,

अपने अकेलेपन के बोझ को उतार फेंकता है। वह उस दुःख की जगह ले लेता है, जिसके बारे में 'वीकएंड' की नायिका कहती है : "बँटने पर वह छोटा नहीं होता, बड़ा भी नहीं होता। सिर्फ़ साफ़ हो जाता है—चमकीला और साफ़।"

'मैं कहीं भटक गया हूँ' : लन्दन में बोर्ख़ेस

दूर से देखने पर यह सोचना असम्भव लगता था कि वे हमें नहीं देख रहे—किसी को भी नहीं देख रहे हैं—सिर्फ़ अपने अँधेरे में चल रहे हैं। तालियों की कर्णभेदी गूँज में रास्ता टटोलते हुए वे मंच पर आए। यद्यपि उनकी उम्र सत्तर से ऊपर हो चली थी, देखने में वे असाधारण रूप से नाज़ुक और निष्कलंक लग रहे थे—जैसे कोई आदमी युवा न रहकर भी युवावस्था की समूची उत्सुकता बुढ़ापे तक ले आता है। अजीब नहीं, उस शाम लन्दन के परिष्कृत, सजे-सँवरे बुद्धिजीवियों के बीच बोर्ख़ेस काफ़ी हद तक 'बाहर के आदमी' दिखाई दे रहे थे—जैसे कोई बच्चा बड़ों के बीच आकर सहसा अपने को अजनबी पाने लगता है।

यों समूचा हॉल उनके भक्तों, प्रशंसकों से भरा था—कुछ अजीब भी लगता था कि इतने लोग एक-एक पाउंड का टिकट ख़रीदकर एक ऐसे लेखक को सुनने आए हैं, जो कुछ वर्ष पहले तक पश्चिम में

लगभग अपरिचित थे—या जिनका नाम केवल इने-गिने बुद्धिजीवियों में सुनने को मिलता था। कहीं बोर्ख़ेस भी आज यूरोप में उस तिनके की तरह तो नहीं हैं, जिन्हें डूबती हुई सभ्यता एक क्षण के लिए पकड़कर छोड़ देती है? स्वयं अँधेरे में चलनेवाले बोर्ख़ेस किसी को सस्ते फ़ॉर्मूले या मंत्र का आलोक दे सकेंगे—मुझे सन्देह था। यह सन्देह कुछ और पक्का हो गया, जब अंग्रेज़ श्रोताओं ने उनसे प्रश्न पूछना शुरू किया।

कोई भी प्रश्न ऐसा न था, जो उनकी 'सृष्टि' से सम्बन्ध रखता हो—उनकी कहानियों के संसार को, रहस्य को किस टेक्निक की कुंजी से खोला जा सकता है, लोगों की उत्सुकता इसमें अधिक थी। सच पूछा जाए तो एक क्षण भी ऐसा नहीं आया, जब यह लगता कि उनके अंग्रेज़ बुद्धिजीवी प्रशंसक उस धागे को पकड़ पाए हों, जिससे उनका उस नेत्रहीन एर्जनटीन सूफ़ी लेखक से कोई तारतम्य जुड़ पाता।

एक तरह से यह शोचनीय बात थी—बोर्ख़ेस उन इने-गिने लातिन-अमेरिकी लेखकों में हैं, जिन्होंने अंग्रेज़ी साहित्य और संस्कृति से बहुत कुछ ग्रहण किया है—जिन्हें सही अर्थों में 'एंग्लोफिल' लेखक कहा जा सकता है। अपने में यह दिलचस्प बात है—और हल्की-सी व्यंग्यात्मक भी—कि जो अंग्रेज़ी लेखक ख़ुद आज अपने देश में पुराने और पठनीय हो चुके हैं—स्टीवेंसन और चेस्टर्टन—बोर्ख़ेस जैसे 'आधुनिक' लेखक समय-समय पर उनके प्रति अपना प्रभार प्रकट करना नहीं भूलते, या शायद यह लन्दन की धुंध है—अदृश्य संकेतों और रहस्यमय ख़तरों से भरी हुई—जो बोर्ख़ेस को बरबस अपनी ओर खींचती है? बातचीत के दौरान बोर्ख़ेस ने उन चीज़ों का उल्लेख किया, जो उन्हें शुरू से ही मोहित और आतंकित करती रही हैं—धुंध, रात, महानगर। ये 'चीज़ें 'एक अजीब ढंग से लातिन-अमेरिकी प्रतीकों से जुड़ी हैं—आईने, भूल-भुलैया और चाकू। "चाकू की अपनी एक निजी रहस्यमय ज़िन्दगी है," बोर्ख़ेस ने कहा, "ख़ून और हिंसा की एक

ऐसी 'प्राइवेट' लिपि उससे जुड़ी है, जो अनायास हमारे भीतर उसके प्रति सम्मान की भावना जाग्रत करती है।"

चाक़ू मानो एक ऐसे सार्वजनिक कर्म को उद्‌घाटित करता है, जिससे व्यक्तिगत नियति का फ़ैसला होता है। अपनी एक कविता में वे लिखते हैं :

मैंने अपनी नियति को पा लिया है।
अपनी अन्तिम लातिन-अमेरिकी नियति को।
सख़्त लौह का प्रहार,
मेरी छाती चीरता हुआ
गले पर,
मेरा अपना पहचाना चाक़ू।

लेकिन 'चाक़ू' बहुत आत्मीय है, बहुत मांसल, "उससे मुझे डर नहीं लगता," बोर्ख़ेस ने कहा :

> डर असल में मुझे आईनों से लगता है—बचपन से मैं उनसे डरता आया हूँ। उन्हें देखकर मुझे एक भयानक अनुभव होता है, जैसे मैं कहीं फँस गया हूँ और बाहर नहीं निकल सकता। आईने को देखकर यह मायावी भ्रम होता है, जैसे कहीं मेरे प्रतिरूप का अस्तित्व है, जैसे हर प्राणी का अपना एक प्रतिरूप है, जिसके कारण हर चीज़ सन्दिग्ध, अवास्तविक और प्रश्नवाचक बन जाती है।

जो चीज़ बोर्ख़ेस को परेशान करती है, वह 'आइडेंटिटी' की फ़ैशनपरस्त संकट नहीं है, आधुनिक बुद्धिजीवियों के 'संकट' बोर्ख़ेस को त्रस्त नहीं करते। उनकी (बोर्ख़ेस की) समस्या यह है कि किस तरह उस 'स्मृति' को दुबारा पाया जा सके, जिसे आदमी अपने अतीत के अँधेरे कोनों में छोड़कर हमेशा के लिए भूल जाता है।

किन्तु जहाँ एक तरफ़ 'स्मृति' को पाना दुर्लभ हो जाता है, वहाँ दूसरी तरफ़ ऐसा भी होता है कि हमें जो 'भूल' जाना चाहिए, वह भूलता नहीं। जब आदमी 'भूलना' भी भूल जाता है और स्मृतियाँ कुछ इस तरह जमा होने लगती हैं मानो बहते हुए समय की धारा कहीं बीच में अटक गई हो। यह भयानक दुःस्वप्न की स्थिति है।

"एक बार ऐसा हुआ कि मेरी नींद उड़ गई," बोर्ख़ेस ने कहा :

> मेरे लिए सोना असम्भव बन गया, क्योंकि मैं हमेशा अपनी देह के बारे में सोचता रहता था। यातना के उन क्षणों में, जब नींद नहीं आती थी, मैंने एक कहानी लिखी थी, कहानी एक ऐसे आदमी के बारे में थी, जो कभी अपनी स्मृतियों से छुटकारा नहीं पा सकता था। वह जो कुछ भी अनुभव करता था, उसे अपनी स्मृति का ही हिस्सा जान पड़ता था—मानो हर अनुभव महज़ उसकी स्मृति को दुहराने की ही प्रक्रिया है। वह आदमी अधिक दिन जीवित नहीं रह सका।

स्मृति की समस्या समय से जुड़ी है—और बोर्ख़ेस की लगभग सब कहानियों में समय रेगिस्तान की तरह फैला है—अपनी समस्त मृगतृष्णाओं और मरीचिकाओं के साथ—यथार्थ से अलग नहीं, लेकिन यथार्थ का हिस्सा भी नहीं। वह उस ताश के 'जोकर' की तरह है, जिसे खेल में कुछ भी बनाया जा सकता है, क्योंकि अपने में वह कुछ भी नहीं। "जो कुछ भी नहीं, वह सब कुछ हो सकता है।" बोर्ख़ेस का समय प्रूस्त का 'घुमावदार' समय नहीं है, जिसके चरमबिन्दु 'अनायास स्मरण' के क्षणों द्वारा आलोकित होते हैं। मानो समूचा अतीत रोशनी के खम्बों द्वारा

छोटे-छोटे फ़ासलों में बाँटा जा सकता है। बोर्ख़ेस की दृष्टि में स्मरण करना अपने को धोखा देना है—क्योंकि ऐसी कोई चीज़ नहीं, जिसे हम 'अतीत' कह सकें—या दूसरे शब्दों में : अतीत केवल शाश्वत वर्तमान का ही अंश है, जहाँ उसका अलग अस्तित्व अर्थहीन हो जाता है। प्रूस्त की दुनिया 'समानताओं' की दुनिया है, जहाँ एक चीज़ दूसरी चीज़ की याद दिलाती है, जहाँ एक स्मृति प्याज़ के छिलके की तरह दूसरी स्मृति से बाहर आती है। इन 'समानताओं' ने ही एक समय बॉदलेयर को इतना त्रस्त किया था। बोर्ख़ेस चूँकि समय को खंडों में विभाजित नहीं करते, इसलिए इन 'समानताओं' को भी स्वीकार नहीं करते। "एक क्षण दूसरे क्षण के 'समान' नहीं है—वह हूबहू वही है, जो पहला क्षण था।" जब दो क्षण बिलकुल एक जैसे हों, तो समानता का प्रश्न ही नहीं उठता—जब आनेवाला क्षण एकदम वही हो, जो बीतने वाला क्षण था, तब समय का अस्तित्व ही नष्ट हो जाता है।

शायद यह एक कारण है कि बोर्ख़ेस ने कभी कोई उपन्यास नहीं लिखा—लिखना दूर रहा, उन्हें पढ़ना भी उन्हें दूभर लगता है। "मुझे यह स्वीकार करते हुए काफ़ी शर्म आती है," बोर्ख़ेस ने झिझकते हुए कहा, "कि मैं कभी लम्बा उपन्यास नहीं पढ़ पाता—'मदाम बॉवेरी' और 'युद्ध और शान्ति' जैसे महान उपन्यास भी नहीं! बेशक डॉन कुऔते पढ़ता बहुत अच्छा लगता है—उसे मैं बार-बार पढ़ता हूँ, क्योंकि शायद वह 'सच्चा' उपन्यास नहीं है, वह सिर्फ़ एक कहानी है, जो बराबर चलती रहती है!"

इसमें आश्चर्य की बात नहीं। पश्चिम में जिस विशेष 'समय-बोध' से उपन्यास का जन्म हुआ था, बोर्ख़ेस का समय-बोध उससे बिलकुल भिन्न है। उपन्यास में समय से बँधा घटनाओं का सिलसिला रहता है,

जिसे हेनरी जेम्स ने बहुत हताश भाव से 'पीछे का अँधेरा और सामने की खाई 'कहा था—दूसरे शब्दों में यह वह चीज़ है, जिसे हम इतिहास कहते हैं। बोर्ख़ेस की दुनिया में इसके लिए कोई मोह नहीं, क्योंकि वह एक ऐसी दुनिया है, जिसमें 'ऐतिहासिक समय' हमेशा के लिए शाश्वत है—इसलिए शाश्वत रूप से शून्य है। यही कारण है, उनकी कहानियों में जो घटनाएँ घटती हैं, वे हमें भ्रम से सत्य की तरफ़ या आत्म-छलना से आत्म-ज्ञान की तरफ़ नहीं ले जातीं। वे हमें कहीं नहीं ले जातीं। एक बहुत चमकीला धरातल है, जहाँ सत्य और छलना साथ-साथ जीते हैं, जिसमें एक की रोशनी दूसरे की छाया है। इसलिए यह कहना भी असम्भव है—असम्भव नहीं, तो कम-से-कम निरर्थक है कि हमने सत्य को जिस बग़ल से पकड़ा है, वह कहीं छलना की दूसरी बग़ल तो नहीं है?

"लगभग चौबीस शताब्दियों पहले की बात है," बोर्ख़ेस ने कहा, "चीन में चुआंग-सू नामक एक व्यक्ति रहता था। एक दुपहर उसे सपना आया कि वह तितली बनके उड़ रहा है। जब उसकी नींद टूटी, वह बड़े असमंजस में पड़ गया...वह यह तय नहीं कर पा रहा था कि वह चुआंग सू है जो सपने में तितली बन गया था या वह तितली है, जिसके सपने में वह चुआंग सू बन गया है।"

बोर्ख़ेस की अधिकांश कहानियाँ—जिन्हें वे 'फ़िक्शंस' कहते हैं—ऐसी ही छद्म, सन्दिग्ध घटनाओं के आसपास घूमती हैं।

इससे कुछ ऐसा अनुमान लग सकता है कि बोर्ख़ेस का दृष्टिकोण उन नये फ्रेंच कथाकारों के आग्रहों से बहुत भिन्न नहीं, जिन्होंने बाल्ज़ाक और टॉल्स्टॉय के 'समयबद्ध' उपन्यासों की सीमाओं के पार जाने की कोशिश की है, किन्तु बोर्ख़ेस को उन कलात्मक प्रयोगों में कोई दिलचस्पी नहीं, जिन्हें नये उपन्यासों में समय से छुटकारा पाने के लिए इस्तेमाल किया जाता है। रॉब्ब ग्रिये के चमत्कारपूर्ण प्रयोग शायद उन्हें उतने ही उबा देनेवाले अतीत होंगे, जितने उन्नीसवीं शती के लम्बे पारिवारिक उपन्यास।

"मैं बहुत सीधी-सादी कहानियाँ लिखना चाहता हूँ," बोर्ख़ेस ने एक जगह अपने भाषण में कहा था :

अपने बुढ़ापे में मैं कुछ वैसी ही कहानियाँ लिखना चाहता हूँ,
जो किपलिंग ने इक्कीस-बाईस की उम्र में लिखी थीं।

किन्तु महज़ टेक्निक और प्रयोग की दृष्टि से नहीं, बल्कि एक दूसरे गहनतम धरातल पर भी बोर्ख़ेस फ्रेंच 'नव-उपन्यासकारों' से अलग हैं। उन्हें उस अदृश्य शक्ति में गहरा विश्वास है, जिसे यूनानी नाट्यकार 'मानव-नियति' कहते थे। हमारे समस्त कर्म हमें अनिवार्यतः उस एक अन्तिम निर्णयात्मक क्षण तक ले जाते हैं, जब आदमी आईने को तोड़कर ख़ुद अपने से साक्षात्कार करता है—नंगे बेलौस ढंग से आमने-सामने। "हर नियति, चाहे वह कितनी लम्बी और पेचीदा क्यों न हो, वास्तव में एक ख़ास लम्हे की देन है—एक ऐसा लम्हा, जब बिजली की कौंध की तरह आदमी को पता चल जाता है कि वह कौन है।" हमारी नियति की भयावहता इसमें नहीं है कि वह अवास्तविक है। उसकी असली भयावहता इसमें है कि वह लौहवत् अनिवार्य है, उसे लौटाया नहीं जा सकता।

"समय वह पदार्थ है, जिससे मैं बना हूँ। समय एक दरिया है, जो मुझे बहाए ले चलता है—लेकिन मैं दरिया हूँ। वह चीता है, जो मुझे चीरता-फाड़ता है—लेकिन मैं चीता हूँ। वह आग है, जो मुझे निगलती है—लेकिन मैं आग हूँ। दुनिया, दुर्भाग्यवश, असली है—मैं दुर्भाग्यवश बोर्ख़ेस हूँ।"

यह ठूँठा रहस्यवाद नहीं है। यह वास्तविकता को इतिहास के जालों से मुक्त करके उसकी अपनी शर्तों पर स्वीकार करना है। यह अपनी नियति को भी स्वीकार करना है, आकस्मिक तौर पर नहीं, बल्कि एक उद्घाटित रहस्य की तरह या मार्टिन बुबर के शब्दों में 'एक आह्वान और बुलावे' की तरह।

फिर भी एक रहस्य की उड़ती हुई गन्ध है, जो उनकी रचनाओं में मिलती है। अपने भाषण में इस गन्ध की चर्चा करते हुए बोर्ख़ेस ने कहा कि वे हमेशा अपने लेखन में—और दूसरे लेखकों की रचनाओं में—धर्म और दर्शन की साहित्यिक सम्भावनाओं को खोजने की चेष्टा करते रहे हैं। किन्तु इस 'खोज' का पेशेवर धार्मिक लेखकों की गुरु-गम्भीर मीमांसाओं से दूर का सम्बन्ध भी नहीं। बोर्ख़ेस उस अर्थ में भी 'धार्मिक या आध्यात्मिक' लेखक नहीं हैं, जिस अर्थ में ग्राहम ग्रीन कैथोलिक लेखक हैं। वे मुझे पुराने चीनी कवियों या मध्यकालीन सूफ़ी संतों की अधिक याद दिलाते हैं, जो 'विस्मित' होना जानते थे, विस्मित करते भी थे। शायद यही कारण है कि बोर्ख़ेस की कहानियाँ (काफ़्का के 'रूपकों' की तरह) दन्तकथाओं, छद्म, घटनाओं, सपनों और क़िस्सों के रूप में ही मिलती हैं। यदि उनकी रचनाओं में 'रहस्य' मिलता है, तो वह गेटे के शब्दों में एक 'प्रत्यक्ष भेद' है, यदि वह पहेली-सा जान पड़ता है, तो इसलिए नहीं कि कोई चीज़ छिपाकर रखी है, बल्कि इसलिए कि छिपी हुई चीज़ों के बीच वह बिलकुल साफ़ और पारदर्शी है। आकस्मिक नहीं कि बोर्ख़ेस की प्रिय 'इमेज', 'भूल-भुलैया' है, जो एक साथ बहुत सुगम और पेचीदा हो जाती है।

उस शाम बोर्ख़ेस को सुनते हुए मुझे यह अजीब-सा ख़याल आया कि उनकी कहानियों के रूपक वैसे ही चमत्कारिक रोल अदा करते हैं, जैसे मार्क्सवादी आलोचक वॉल्टर बेन्यामिन अपने लेखों में उद्धरणों का इस्तेमाल करते थे। दोनों ही लेखकों के जीवन-दर्शन अलग-अलग रहे हैं, लेकिन उनके 'पैशन' और परेशानियाँ एक जैसी हैं।

बेन्यामनि के 'उद्धरणों' की तरह बोर्ख़ेस की कहानियाँ उन "डाकुओं की तरह हैं, जो राह चलते आदमियों पर हमला करती हैं और आलसी लोगों के विश्वासों को लूट लेती हैं।" बेन्यामिन ने जिसे 'सत्य' माना है, वही सत्य बोर्ख़ेस की कहानियों में चिढ़ानेवाला 'रहस्य' है, क्योंकि जिसे हम 'सत्य' मानते हैं, "वह पर्दा हटाकर भेद नष्ट नहीं करता। वह एक ऐसा साक्षात् है, जो उसकी रक्षा करता है।" (वॉल्टर बेन्यामिन)

साक्षात् कभी होता नहीं, लेकिन वह कभी भी हो सकता है, यह उम्मीद आख़िर तक बनी रहती है, आख़िर तक बनी रहनी चाहिए। दुनिया के 'सुख' होते नहीं, इस उम्मीद पर 'बनते' हैं। बोर्ख़ेस ने एक जगह कहा है :

> संगीत, सुख की स्थितियाँ, पौराणिक कथाएँ, समय से लदे चेहरे, गोधूलि के धुँधलके, कुछ स्थान—ये सब हमें कुछ बताना चाहते हैं या इन्होंने हमें कुछ बताया था जो हमें ओझल नहीं करना चाहिए था या वे हमें कुछ बतानेवाले हैं। साक्षात् की यह तात्कालिक सम्भावना, जो कभी पूरी नहीं होती—ऐसी है, जिससे सौन्दर्य का सृजन होता है।

लातिन-अमेरिकी लेखकों में शायद बोर्ख़ेस ही ऐसे हैं, जो यूरोप की परम्परा की यहूदी परम्परा की यातनाग्रस्त जिज्ञासा के सबसे निकट आते हैं। यह शायद स्वाभाविक भी था। एक एर्जनटीन होने के नाते उन्हें अन्य लातिन-अमेरिकी लेखकों की तरह (जिनमें ऑक्टोवियो पाज उल्लेखनीय हैं) पीछे मुड़-मुड़कर अपनी इंडियन परम्परा को नहीं खोजना पड़ा—क्योंकि उनके देश में ऐसी कोई परम्परा थी ही नहीं। वे मुक्त रूप से अपने को यूरोपीय परम्परा से सम्पृक्त कर सकते थे—क्योंकि उन पर अपने अतीत का कोई बोझ नहीं था—लेकिन 'बाहर के आदमी' होने के नाते उन पर यह बन्धन भी नहीं था कि वे उस परम्परा के प्रति वफ़ादार रहें,

वे अपने अतीत से मुक्त थे तो यूरोप के बाहर भी थे। मुक्ति का यह अहसास ही है कि वह इतने गौरव और विश्वास के साथ कह सकते हैं :

"चमत्कार करने की सुविधा से देवता वंचित भले ही रहे हों, लेखक नहीं। लेखक हमेशा अतीत को बदल सकते हैं, काफ़्का की तरह वे ख़ुद अपने से पहले आनेवालों की रचना कर लेते हैं।"

"आप अपनी ज़िन्दगी में कौन-सी चीज़ सबसे ज़्यादा महसूस करते हैं?" भाषण के बाद एक श्रोता ने उनसे पूछा।

बोर्ख़ेस ने अपनी थकी आँखों से हमारी ओर देखा, "हमेशा लगता है कि मैं कहीं भटक गया हूँ, हमेशा यही लगता है।"

मैं बाहर आया, तो बारिश हो रही थी—लन्दन की धुंध और बारिश और भीगता हुआ अँधेरा—बोर्ख़ेस की अपनी चीज़ें, मैंने सोचा, फिर सहसा विचार आया कि दो तरह के लेखक होते हैं—एक वह, जो इस दुनिया के हैं—होमर, टॉल्स्टॉय, टॉमस मान; एक वह जो क़ब्र के पार से दूसरी दुनिया की ख़बरें हमारे पास लाते हैं—लजारस की तरह—अंडरग्राउंड की अफ़वाहें हम तक पहुँचाते हैं...और हम इस दुनिया को दूसरी तरफ़ से देखने लगते हैं—दोस्तोएव्स्की, काफ़्का और बोर्ख़ेस ऐसे लेखक हैं।

यह शायद संयोग ही रहा होगा कि उस रात मुझे यह ख़याल अंडरग्राउंड स्टेशन की सीढ़ियों पर उतरते हुए आया था।

पत्थर और बहता पानी

मैं अक्सर सोचता हूँ कि वे शहर कितने दुर्भागे हैं, जिनके अपने कोई खँडहर नहीं। उनमें रहना उतना ही भयानक अनुभव हो सकता है, जैसे किसी ऐसे व्यक्ति से मिलना, जो अपनी स्मृति खो चुका है, जिसका कोई अतीत नहीं। अगर मुझसे कोई नरक की परिभाषा पूछे, तो वह है, हमेशा वर्तमान में रहना, एक अन्तहीन रोशनी, जहाँ कोई छाया नहीं, जहाँ आदमी हमेशा आँखें खोले रहता है—नींद और स्वप्न और अँधेरे को भूलकर। जहाँ वर्तमान शाश्वत है, वहाँ शाश्वत भी अपना मूल्य खो देता है, क्योंकि जो चीज़ शाश्वत को आयाम देती है—समय—वह ख़ुद कोई मूल्य नहीं रखता।

इसलिए जब वर्तमान का बोझ असह्य हो जाता है, मैं अपना घर छोड़कर शहर के दूसरे 'घरों' में चला जाता हूँ—जहाँ अब कोई लोग नहीं रहते—सदियों पुराने मक़बरे, महल, मदरसे—जहाँ अँधेरा होते ही चिमगादड़ उड़ते हैं। ये हमारे शहर के खँडहर हैं—शहर की स्मृतियाँ

और स्वप्न। दिल्ली में इन इमारतों की कोई कमी नहीं। वे हर जगह बिखरी हैं। सिर्फ़ आधा घंटे में मैं एक दुनिया को छोड़कर दूसरी दुनिया में जा सकता हूँ—एक समय से उठकर बिलकुल दूसरे समय में प्रवेश कर लेता हूँ—बिना कोई टिकट ख़रीदे, बिना 'क्यू' में खड़े हुए। वहाँ न पत्थर रास्ता रोकते हैं, न मृतात्माएँ धक्का देती हैं।

किन्तु ऐसा भी युग था, जब न शहर थे, न खँडहर—आदमी अपना अतीत ख़ुद अपने भीतर लेकर चलता था—या यूँ कहें कि स्मृति अभी तक इतिहास नहीं बनी थी, जिसे स्मारकों और पोथियों द्वारा ढोना पड़ता है। आदिम युग का व्यक्ति अतीत और वर्तमान, दोनों को साथ लेकर चलता था और जब चाहे उनसे छुटकारा भी पा लेता था। यज्ञ, आहुति और बलि के क्षणों में वह एक ऐसे बिन्दु पर पहुँच जाता था, जहाँ समय शुरू होता है, आदि-क्षण का आलोक, जहाँ वह एकदम स्वच्छ हो जाता था—न केवल अपने पापों, बल्कि उनकी स्मृति से भी मुक्ति पा लेता था। जिस तरह हम आधुनिक शहर को छोड़कर खँडहरों में जाते हैं—वह भी उतनी ही सुलभता से 'सांसारिक समय' से उठकर 'आदि-समय' में चला जाता था। समय की इस गंगोत्री पर उसके लिए जन्म और मृत्यु, शुरू और अन्त, नश्वर और शाश्वत का भेद घुल जाता था। एक शब्द में वह सृष्टि के आरम्भ होने से पहले के 'मिथक-काल' में पहुँच जाता था और वहाँ से दुबारा मुड़ता था—हल्का और मुक्त, ताकि अपने को नये सिरे से शुरू कर सके।

क्या हम इतिहास से त्रस्त, आधुनिक शहरों में रहनेवाले प्राणी—ऐसे क्षण को जी सकते हैं, ऐसे अनुभव को भोग सकते हैं? या उसे हमने हमेशा के लिए खो दिया है?

खँडहरों के बीच घूमते हुए मुझे कभी-कभी लगता है कि वैसा अनुभव आज भी असम्भव नहीं है। हमारे बीच दो चीज़ें ऐसी हैं जिनके सामने, जिन्हें छूकर हम अपने साधारण क्षणों में भी इतिहास की चिरन्तनता और प्रकृति—जो शाश्वत है—उसकी ऐतिहासिकता—दोनों को एक समय में एक साथ अनुभव कर सकते हैं। अजीब बात यह है, ये दोनों चीज़ें अपने स्वभाव में एक-दूसरे से बिलकुल उलटी हैं—एक ठोस और स्थायी, दूसरी सतत प्रवहमान, हमेशा बहनेवाली—पत्थर और पानी। किन्तु दोनों एक सिक्के के दो पहलू हैं—दोनों के सामने हम सहसा अपने से परे चले जाते हैं, एक ऐसे काल-खंड में पहुँच जाते हैं, जब हम नहीं थे (खँडहरों के सामने), जहाँ हम ख़त्म हो जाएँगे (बहते पानी को छूते हुए)। पत्थर और पानी, दोनों के सम्मुख यह अनुभव होता है कि हम उनके गवाह नहीं हैं—वे हमारे गवाह हैं। हम उनके अस्तित्व को नहीं देख रहे, वे हमारे बीतने को देख रहे हैं। यह अनुभव हमारे उस आधुनिक-बोध को कितना धक्का देता है, जहाँ हम संसार के साक्षी होने का दम्भ भरते हैं, जबकि हम स्वयं इतिहास से त्रस्त हैं! एक त्रस्त गवाह की गवाही कैसी? वह न इतिहास रच सकता है, न इतिहास का प्रतिक्रमण कर सकता है, जिससे कविता जन्म लेती है। इसीलिए रिल्के ने एक युवा कवि को सलाह दी थी, "आपको प्रकृति की तरफ़ जाना होगा। दुनिया के आदिपुरुष के समान आपको वह सब कहने की कोशिश करनी होगी, जो आप देखते हैं, अनुभव करते हैं, प्रेम करते हैं, खो देते हैं।"

किन्तु समय की एक सीमा के बाद, जिसे हम इतिहास मानते आए थे, वह प्रकृति का ही हिस्सा जान पड़ता है, इसका अहसास जितना पुराने खँडहरों में घूमते हुए होता है, शायद कहीं और नहीं। दिल्ली के पुराने क़िले में पत्थरों के ढूह, आधी टूटी हुई मीनारें, दीवारों के भग्न झरोखे इतने चिरन्तन, समय की आपा-धापी से इतनी दूर

जान पड़ते हैं कि यह प्रश्न बिलकुल अर्थहीन जान पड़ता है कि उसे पांडवों ने बनाया था, या हुमायूँ ने। वे ढूह उतने ही शाश्वत, उतने ही 'प्राकृतिक' जान पड़ते हैं, जितने शिमला के पहाड़, पहाड़ों के बीच लेटी हुई घाटियाँ। इसलिए साहिर लुधियानवी का यह क्षोभ कुछ बेमानी-सा लगता है कि ताज को एक बादशाह ने नहीं, मज़दूरों ने बनाया था, जिन्हें हम याद नहीं करते। सत्य यह है कि हम किसी को याद नहीं करते—न ग़ुलाम को याद करते हैं, न साहब को, न बेचारी बीवी को, जिनकी स्मृति में उसका निर्माण हुआ था। समय बीतने के साथ ताज की ऐतिहासिक स्मृति एक ऐसे 'मिथक-क्षण' में घुल-मिल गई है, जहाँ सिर्फ़ 'देखना, अनुभव करना, प्रेम करना, और खो देना' ही बाक़ी रह जाता है।

जिस तरह इतिहास कभी-कभी प्रकृति में बदल जाता है, उसी तरह प्रकृति भी इतिहास में बदल जाती है। क्या गंगा एक भारतीय के लिए महज़ बहता पानी है? वह हमारी सबसे गहन स्मृतियों को—जिन्हें हम 'संस्कार' कहते हैं—जगाती है, हमें इतिहास के उस मिथक क्षण में ले जाती है, जब थके-माँदे आर्यों ने पहली बार उसकी मुक्त सपाट धारा को देखा होगा। कितना अजीब विरोधाभास है कि एक समय बाद आदमियों द्वारा बनाई गई इमारतें 'प्रकृति' में बदल जाती हैं—शाम की धूप में कालातीत, इतिहास से मुक्त, जबकि पीढ़ी-दर-पीढ़ी नहाते यात्रियों ने गंगा की शाश्वत धारा को अपनी स्मृतियों में पिरो दिया है—जहाँ इतिहास और प्रकृति एक-दूसरे से मिल जाते हैं।

और तब मैं अपने से पूछता हूँ कि 'बहते पानी' के साथ हिन्दू-मानस का इतना घना लगाव क्या इसीलिए तो नहीं है कि उसमें मिथक और इतिहास का सम्पूर्ण भेद छिपा है? और इस 'भेद' में सिर्फ़ रहस्य का ही आशय नहीं है, बल्कि अलगाव का भी। हम इतिहास के प्रति सचेत नहीं थे, यह सही नहीं है। सही यह है कि हम इतिहास के प्रति सचेत होते हुए भी उसके बिम्बों का निर्माण निरर्थक समझते थे। इसलिए हम परम्परा को भी उतना महत्त्व नहीं देते थे, जितना दूसरे देशों के लोग, क्योंकि हम उसे बीते हुए समय का अंश नहीं मानते थे, जिसे वर्तमान में ढोना है। हमें अपनी परम्परा का उतना ही अनुभव होता है, जितना 'अतीत' हम अपने भीतर लेकर चलते हैं—बाक़ी सब खँडहर हैं, पत्थर और पोथियाँ—जो परम्परा नहीं, अतीत के स्मारक हैं। शायद यही कारण है कि रोमन खँडहरों या पुराने मुस्लिम मक़बरों के बीच घूमते हुए एक अजीब गहरी-सी उदासी घिर आती है—जैसे कोई हिचकी, कोई साँस, कोई चीख़ इनके बीच फँसी रह गई हो—जो न अतीत से छुटकारा पा सकती हो, न वर्तमान में जज़्ब हो पाती हो।

किन्तु इस उदासी के नीचे एक और गहरी उदासी दबी है और वह उनके लिए नहीं हैं, जो एक ज़माने में जीवित थे, और अब नहीं हैं—वह बहुत कुछ अपने लिए है, जो एक दिन इन खँडहरों को देखने के लिए नहीं बचे रहेंगे। "पुराने स्मारक और खँडहर हमें उस मृत्यु का बोध कराते हैं जो हम अपने भीतर लेकर चलते हैं। बहता पानी उस जीवन का बोध कराता है, जो मृत्यु के बावजूद वर्तमान है, गतिशील है, अन्तहीन है।" जब कोई हिन्दू अपने सगे-सम्बन्धी की अस्थियाँ हरिद्वार की गंगा में बहाता है, तो न केवल मृतात्मा को उसकी देह से मुक्त कराता है, बल्कि वह स्वयं अपनी पीड़ा से भी छुटकारा पा लेता है। 'कैथार्सिस' की सम्पूर्ति, जो यूनानी दर्शक नाटक के अन्त में अनुभव करता था, हम उसे बहते पानी के छोर पर पा लेते थे।

आज यह अनुभव दुर्लभ लगता है। आज यह इसलिए दुर्लभ लगता है कि हम इतिहास और मिथक—समय और शाश्वत—को बाँटने के इतने आदी हो गए हैं कि यह नहीं सोच पाते कि एक ही समय में मनुष्य को दोनों का अनुभव होता रहा है। आज का ऐतिहासिक व्यक्ति अपने भीतर 'पौराणिक क्षणों' को उसी तरह जीता है, जिस तरह मिथक-काल का व्यक्ति इतिहास को भोगता था। यदि आज हम 'ऐतिहासिक' काल में रहते हैं, तो भी हमारे भीतर उस खोए हुए स्वप्न को पाने की भूखी आकांक्षा आँख खोले रहती है, जब हम खंडित नहीं थे, प्रकृति से सम्पृक्त थे, सम्पूर्ण थे। माना, यह मिथक-काल की वास्तविकता नहीं थी, किन्तु इससे न तो स्वप्न झूठा हो जाता है, न आकांक्षा की तीव्रता मन्द हो जाती है।

वह स्वप्न हम खो चुके हैं, इसकी पीड़ा का अहसास भी रिल्के को उतना ही था, जितना आदिकवि व्यास को रहा होगा। दरअसल समूचा काव्य इस खोने के आतंक को समझने का प्रयास है और इस 'समझ' के लिए भी हर कवि को 'प्रकृति के पास जाना पड़ा था।'

किन्तु यदि प्रकृति के पास जाने का मतलब है, अपने अलगाव और अकेलेपन से मुक्ति पाना; अपने छिछोरे, ठिठुरते अहं का अतिक्रमण करके, अनवरत समय की कड़ी में अपने को पिरो पाना, तो यह बोध पुराने खँडहरों के बीच भी होता है। यह विचित्र अनुभव है। ठहरे हुए पत्थरों के सामने बहते समय को देख पाना। पहली बार इतिहास का अनुभव—किताबों और तिथियों से न होकर—पत्थरों के बीच उगती घास, छतों पर चिपटे चिमगादड़ों, गुम्बदों पर ग़मगीन, ऊँघती धूप द्वारा होता है।

सहसा यह बोध होता है कि कविता, संगीत, चित्र—कोई भी कलाकृति उस मौन को भेदने की कोशिश है, जो इन पत्थरों के बीच उतनी ही शाश्वत है, जितनी प्रकृति के भीतर; कोई भी चीज़ नहीं मरती, यदि वह अपने से उठकर किसी अन्य से अपने को जोड़ लेती है। एपिक-काल में यह सम्भव था—हर महाकाव्य में, चाहे वह 'महाभारत' हो या 'इलियड', एक पुरुष की ट्रैजिक नियति इसी अलगाव से उत्पन्न होती थी, और इसका समाधान जब होता है, तब अर्जुन या प्रोडीपस अपनी इस विशिष्टता के भ्रम से छुटकारा पा लेते हैं, आत्मकेन्द्रित छलना से उठकर अपने को एक वृहत्तर धारा में छोड़ देते हैं—जहाँ सन्देह की पीड़ा एक अनिवार्य आस्था में घुल जाती है।

मिथक-काल में आस्था प्रमुख थी, सन्देह का सूत्र क्षीण था। बाद के ऐतिहासिक युग में मनुष्य को अपने पर ही इतनी अधिक शंका हो गई कि आस्था के क्षण दुर्लभ लगते हैं। लेकिन इन दो सीमान्तों के बीच एक ऐसा युग भी रहा होगा, जब सन्देह और आस्था बराबर-बराबर से बँटे थे, जब मनुष्य अपने भीतर मिथक-काल की आस्था और ऐतिहासिक युग की शंका एक साथ लेकर चलता था—आलोक और अँधेरा—दोनों के पलड़े एक बराबर थे। ऐसे समय में ही महाकाव्य, एपिक की रचना सम्भव हुई होगी। 'महाभारत' में कितने ही ऐसे स्थल आते हैं, जब व्यक्ति को दोनों चेतनाओं का अहसास एक ही समय में होता है, और जब कभी एक का पलड़ा भारी पड़ने लगता है और दोनों के बीच सन्तुलन (धर्म) बिगड़ने लगता है, तो स्वयं कृष्ण—यहूदी मसीहाओं की तरह—घटना-चक्र में हस्तक्षेप करने को मजबूर हो जाते हैं।

एक तरह से आज हम उसी बिन्दु पर पहुँच गए हैं—समय और शाश्वत, सन्देह और आस्था के उस असहनीय, तनावपूर्ण बिन्दु पर—जब हम अपने को एपिक-संस्कारों के सबसे निकट पाते हैं। तभी टॉमस मान ने कहा था कि आज का साहित्य अपने सर्वोत्तम सृजनात्मक क्षणों में 'महाकाव्य' बनने का स्वप्न देखता है। यह क्या महज़ संयोग था कि पिछले सौ वर्षों में यदि कोई एक लेखक महाकाव्य के आयाम छूने में सफल हो पाया—टॉल्स्टॉय अपने उपन्यासों में—तो इसलिए कि वे अकेले ऐसे लेखक थे, जिनमें सन्देह और आस्था—काल और कालातीत का घात-प्रतिघात सबसे अधिक तीव्र, सबसे अधिक यातनामय था? किन्तु वह संघर्ष यदि महज़ यातनामय होता, तो वे शायद कभी एपिक-लेखक न बन पाते। वे इस संघर्ष, इस यातना, इस अन्तर्द्वंद्व के अन्तिम छोर पर जाकर, पीछे मुड़कर उसकी निरर्थकता का विस्तार भी देख सकते थे। क्या कभी हम वह दृश्य भूल सकते हैं, जब युद्धक्षेत्र में आन्द्रे क्षत-विक्षत, लहूलुहान होकर अचानक नीले आकाश को देखते हैं। रोते-बिलखते सैनिक, हिनहिनाते घोड़े—ख़ून-पसीने से लथपथ इतिहास के ऊपर वह आकाश कितना तटस्थ, कितना उदासीन, कितना निर्दोष दिखाई देता है! इतिहास उतना ही सच है—जितना आकाश। दोनों को एक साथ, एक ही समय में देखते हुए आन्द्रे को अपने समूचे जीवन का अर्थ और निरर्थकता—एक कौंध में दिखाई दे गए थे।

किन्तु जहाँ सिर्फ़ इतिहास है, वहाँ आस्था की एक क्षीण-सी रेखा भी दिखाई नहीं देती। कितना अन्तर है टॉल्स्टॉय की एपिक-दृष्टि में और एक दूसरे कवि की इन पंक्तियों में, जो उसने क्षणभंगुर जीवन की घोर निराशा में डूबकर लिखी होगी :

टुमॉरो एंड टुमॉरो एंड टुमॉरो
क्रीप्स इन दिस पेटी पेस फ्रॉम डे टुडे
टु द लास्ट सिलेबल ऑफ़ रिकॉर्डिड टाइम
एंड ऑल आवर यस्टरडेज़ हैव
लाइटिड फूल्स
द वे टु डस्टी डेथ।

यहाँ कोई भ्रम नहीं। कोई छलावा नहीं। मनुष्य अपने से शुरू होता है, अपने में नष्ट हो जाता है। इस आत्मकेन्द्रित सत्य के पीछे कोई तसल्ली नहीं, कोई दिलासा नहीं। यह क्षण ही शाश्वत है, सम्पूर्ण है, अन्तिम है। सब कुछ अभी है, यहाँ है—इसके परे सिर्फ़ राख है, कुछ भी नहीं। ज़रा कल्पना कीजिए, शेक्सपियर की यह निराशा, यह बेचैनी, यह छटपटाहट एपिक-युग की सम्पूर्ण, कालातीत प्रतिज्ञा से कितनी दूर है! जब कभी अर्जुन इस प्रतिज्ञा से भटक जाते हैं (और अर्जुन का अन्तर्द्वंद्व एक तरह से उतना ही यातनामय था, जितना हैमलेट का), बार-बार कृष्ण उन्हें आकाश का नीला विस्तार दिखाना नहीं भूलते।

किन्तु इसके आगे सोचना नहीं होता। शहर की बत्तियाँ जल जाती हैं। मैं दुबारा अपने युग की परिधि में लौट आता हूँ। पुराने क़िले पर अँधेरा घिर जाता है, दिल्ली का पुराना अँधेरा। वह सर्दियों से झुलसते, गर्म, गर्द-भरे पत्थरों को सहलाता है। सिर्फ़ खुले, जालीदार झरोखों में धूप टँगी रह गई है, कैसा अजीब विषाद और मौन है इन मुस्लिम इमारतों में, जैसे रेगिस्तान के बीच जो विषण्ण एकान्त है, वह एक-एक पत्थर अपने पर ढोता हुआ यहाँ तक ले आया है। खुले मरुस्थल पर नमाज़ की गूँज। शहर की भगदड़ के बीच एक शान्त, ठहरी स्मृति का द्वीप...।

अँधेरे के साथ यहाँ प्रेमी आते हैं। दीवारों के पीछे कभी-कभार उनकी छाया, एक दबी, उत्सुक-सी फुसफुसाहट सुनाई दे जाती है। सोचता हूँ, उनका यहाँ आना कितना ठीक है। पत्थरों को छूने का मतलब ही है, शाश्वत के एक टुकड़े को छू लेना। एक तरह से प्रार्थना करना कि कम-से-कम इस शाम का प्रेम, इस अँधेरी घड़ी की चाहना बीतेगी नहीं, आनेवाले वर्षों में इन खँडहरों के बीच जीवित रहेगी। पत्थर एक वफ़ादार गवाह है, प्रेम एक मांसल गवाही। शायद यह चाहना, यह विह्वल आकुलता, इस क्षण में सब क्षणों को मिटाने की आकांक्षा ही है, जो आज भी हमें इतिहास से उठाकर मिथक से जोड़ देती है। शहर के किनारे अँधेरे में डूबे इन खँडहरों में हम संत्रस्त काल से उठकर पवित्र समय में चले आते हैं—जहाँ न समय है, न मृत्यु, न बीतने का आतंक। और तब मुझे स्पेनिश कवि सेरनुदा की एक पंक्ति याद हो आती है : "प्रेम नहीं मरता, सिर्फ़ हम मर जाते हैं।"